高校教育的理论与实践研究

李　锐◎著

吉林出版集团股份有限公司

图书在版编目（CIP）数据

高校教育的理论与实践研究 / 李锐著. — 长春 ：
吉林出版集团股份有限公司，2023.9
ISBN 978-7-5731-4342-6

Ⅰ. ①高… Ⅱ. ①李… Ⅲ. ①高等教育－教学研究－中国 Ⅳ. ①G649.21

中国国家版本馆 CIP 数据核字（2023）第 182206 号

高校教育的理论与实践研究
GAOXIAO JIAOYU DE LILUN YU SHIJIAN YANJIU

著　　者　李　锐
责任编辑　滕　林
封面设计　林　吉
开　　本　787mm×1092mm　　1/16
字　　数　220 千
印　　张　14
版　　次　2023 年 9 月第 1 版
印　　次　2024 年 1 月第 1 次印刷

出版发行　吉林出版集团股份有限公司
电　　话　总编办：010-63109269
　　　　　发行部：010-63109269
印　　刷　廊坊市广阳区九洲印刷厂

ISBN 978-7-5731-4342-6　　定价：78.00 元

前　言

在当今迅速变化的时代，高等教育作为社会发展的引擎和知识创新的源泉，具有重要而不可替代的地位。本书汇聚了来自教育领域的杰出学者们的研究成果和智慧，致力于探讨高校教育的核心理论和创新实践。

我们生活在一个信息爆炸的时代，高校教育也正面临着前所未有的挑战和机遇。本书围绕教育理论与实践展开，旨在为广大教育从业者、研究学者和关心教育的社会各界人士，提供一个深入了解和思考高校教育的平台。

本书不仅关注理论的阐释，更强调实践的创新。我们希望能够为高校教育的改革和创新提供有益的借鉴。在这个多元化和全球化的时代，培养具有创新能力、责任担当和国际视野的人才，是高校教育的使命和目标。

在此，我们要感谢所有为本书付出辛勤努力的作者、编辑和支持者们。正是因为你们的奉献，本书才得以面世。我们也要感谢广大读者的关注与支持，是你们的支持，让我们有信心继续探索教育的未来，为高校教育的发展贡献一份微薄之力。

李　锐

2023 年 3 月

目 录

第一章　高等教育的基本理论

第一节　高等教育的功能

一般认为，高等教育拥有三大基本功能：知识传授、知识生产和服务社会。

“大学”一词原意主要是指“一群先生或学生所组合的学术性行会”。从历史上看，虽然在古罗马、古希腊时期就有柏拉图的阿卡德米学园式的哲学学校、为培养教士和医生而开办的专业或专门学校等，但是，并没有产生现代意义上的大学。在形式上具有现代意义的大学产生于12—13世纪的欧洲，是一种组织化了的教学机构，由学部、学院、学科、学位、考试等一系列内在要素构成，具有严格的法人组织性质、办学章程。中世纪的大学主要有法国的巴黎大学、意大利的波隆纳大学，都大约形成于12世纪。此后，又相继出现了更具有现代大学特征的英国牛津大学、剑桥大学，德国的科隆大学、海德堡大学，意大利的萨里诺大学等。

在19世纪之前，高等教育的主要功能是传授知识。大学主要是培养教师、律师、医生和政府行政官员的场所，从事科学研究的是与大学分而设之的科学院或科学团体。在这一阶段，掌握有关领域的知识，并把自己掌握的知识传授给学生是大学教师的任务。同时，大学所传授知识的科目几乎包括了当时所有的知识领域，如神学、亚里士多德哲学、语法、修辞、逻辑、法律、天文、几何、医学、艺术等。由此可见，这一时期大学提供的实际上是一种博雅教育，教师往往是具有百科全书式知识的学者。尽管知识传授这一基本功能产生于19世纪之前，而且大学的基本职能也在不断地发展；然而，大学的这一基本功能不但始终得到了保留，而且至今仍是大学的最重要功能。

从历史上看，高等教育明确地承担科学研究与发现（知识生产）的职能，开始于19世纪初的柏林大学。在19世纪初的普法战争中，作为战败国，普鲁士不仅割让了土地，而且失去了几所重要的大学。为雪普法战争之辱、重振普鲁士雄风，普鲁士国王威廉三世在实施政治改革的同时，着手教育改革，任命洪堡为教育大臣。洪堡批判传统大学以教条束缚人的理性和才智的做法，主张大学应成为钻研学术的场所，实现教学与科研的统一，大学教授和学生都应从事创造性的学术研究。因为教师在教学中所要传授的不是固定不变的真理，而是对未知事物的一种无限的好奇心，以及为终身探索未知世界所应掌握的工具。因此，使学生个人的能力得到最大限度发展的过程，才是大学教育的真正目标，这将使学生们离开大学后仍能够积极、主动地在探索的道路上前进。

尽管柏林大学的创建从一开始就是德国人努力用精神力量来补偿物质损失的一个结果，其办校宗旨就是服务于国家利益。但是，在洪堡等人看来，为国家利益服务绝不等于放弃大学自主和学术自由。他们设法向统治者们表明，恰恰是这种大学的自主和学术自由，才更符合普鲁士作为一个文化国家的根本利益。只有这种以科学为中心的大学，才能培养洪堡所说的“全面人格”，才能成为德意志全民族精神文化生活的典范和中心。这就要求大学应该具有活动的非政治性质与大学建制的国立地位的统一，科学体系的内在完整性和科学对整个文化、社会的“批判—启蒙”意义的统一，以及教学和研究的统一。

在这种新观点的影响下，创造性研究和发现的能力逐渐被确立为衡量教授水平的重要标准，德国大学中年轻有为的学者大量涌现，青年学者开始表现出一种对老教授竞争性的态度，而教授们也不甘落后，奋起迎接新的挑战。竞争带来了德国大学中新学科、新领域的纷纷涌现，研究分工和学科不断细分，科学研究和发展进入了一个繁荣的阶段。与此同时，德国大学中研究班和研究所的数量有了较大的增长，在为学生提供教学的同时，还鼓励和指导学生参与科研，训练他们的心智，培养他们的科研能力。柏林大学在 1820 年只有 12 个正式创办的研究班和研究所。到 1869 年，这个数目增加到了 27 个，增加了一倍多；而到 1909 年，这个数目又增加了一倍。海德堡大学 1820—1859 年只有 8 个研究班和 3 个医学研究所，到 1900 年，其数目已增至 76 个。

德国大学的这种做法开创了现代大学发展史的先河，强调教学和科研的统一以及研究生教育的推行，使德国的大学很快焕发出勃勃生机，其办学思想也被本国和世界其他国家的大学广泛传播，尤其成为美国青年心目中追求高深学问的理想殿堂。

高等教育把直接为社会服务作为自己的职能，一般认为开始于 19 世纪中叶的美国。1862 年，美国通过了主张“促进工业阶级的文理和实用教育”的“莫雷尔法案”，随后又掀起了“土地赠予运动”，使得以 1868 年创建的康奈尔大学为代表的土地赠予学院迅速发展。康奈尔大学的办学宗旨就是科学知识的传授与博雅教育并重，以便向社会的工业和生产阶级提供最好的设施，使他们获得实用知识和精神文化，使科学知识服务于农业和其他生产劳动。这导致美国大学不仅为社会普及农业科学知识，也提供许多有关卫生、经济、管理与教育等方面的咨询，成为各州的“智囊”，开创了大学与社会各领域合作的先河。在美国各大学中，对社会服务工作提倡最有力、成绩最佳的应当首推威斯康星州立大学。

进入20世纪以后，威斯康星州立大学进一步延伸了康奈尔大学的办学理念，提出了大学教育应当为区域经济和社会发展需要服务的新理念。这种新理念的基本思路是，从本州的客观实际出发，在教学和科学研究的基础上，通过培养人和输送知识两条渠道，着力发挥高等院校直接为社会服务的职能，积极推进本州经济和社会发展。这个高等教育为区域经济和社会发展需要服务的新理念，即著名的“威斯康星思想”，后来被称为美国20世纪最有创造性的思想之一。至此，直接为社会服务也就成为大学的第三个社会职能。

大学的社会服务不仅满足了社会的需要，也是大学自身发展的需要。大学从服务中不仅获得了办学经费，也得到了发现实际问题和新的研究方向、培养服务精神、提高教育质量的效果。大学通过广泛、直接的社会服务，不仅有利于高等教育理论联系实际，而且有利于大学与社会双向参与，成为教师和学生了解社会生活、参加社会实践的重要途径。同时，由于大学师生经常深入社会的生产、生活实际，了解实际情况、实际问题，有利于根据社会的需要，改进教学和研究工作，提高培养人才的社会适应性。当前，世界各国的绝大多数大学与社会有关单位、企业建立起教学、科研、生产的三结合联合体，把分散、短期的社会服务工作制度化、常态化。

随着知识经济时代的来临，人们对高等教育寄予了更多的期望，更普遍地希望高等教育能够引领社会的进步。因为在知识经济时代，知识已成为经济增长的引擎，是一个国家繁荣、安全和人民幸福安康的关键，受过良好教育的人，其思想已经成为现代社会最重要的资源，那么，大学作为智力资本的源泉，必然受到人们的重视和支持。在一定程度上，人们对大学功能的期望已经从重点从事人力资本开发的社会机构，转变为发现、加工、传播和应用知识本身为工作重心的社会机构。

由上述可知，高等教育具有知识生产、知识传授和服务社会等三大基本功能。高等教育的这些基本功能，也就决定了高等教育在社会经济发展过程中所起的作用。其中，知识传授功能主要是形成社会经济发展所需要的人力资本，尤其是形成异质型人力资本，而这被认为是经济增长中报酬递增的源泉；知识生产主要是指知识的创新，这不仅是经济发展所需要的制度创新和技术创新，而且尤其是基础知识的创新，而后者构成了前者持续成长的理论基础和动力；服务社会，即以大学所拥有的人力资本直接为社会服务，产生直接的社会经济效益。

此外，大学还被看作自由思想的策源地，背负着社会的良知。从历史上看，大学诞生于12世纪的基督教团体。这使得早期的大学在知识传授之外，还具有精神教化的功能。在宗教信仰远离社会生活中心的现代社会，随着基督教关于人生终极意义信仰教化功能的现代迁移与转化，大学仍保留了其历史功能：作为创新科学原理与守护精神价值的策源地，特别以造就人格化的知识分子为核心。

实际上，在现代社会，被称作人文精神的知识分子，对科学原理与道义的执着，就来源于大学的终极信仰传统。

换言之，大学不仅是追求真知的堡垒，也是追求生活意义、保存人类终极价值的堡垒。尽管对于大学而言，知识与意义都是必要的，甚至二者在历史上对人类生存与发展的价值仍有深究的空间，但是，本书出于研究对象的限制，对此不做深入研究。大学所载负的自由精神，本书将其看作大学知识生产和传授功能的一项基本要求。

第二节　知识的概念、特征与类型

既然大学的三大基本职能——知识生产、知识传播和服务社会都是围绕着“知识”的，本书也是从“知识”的角度展开论述，那么，就需要在展开分析之前对“知识”的含义、类型及其特征等进行考查。

对于“知识”的定义，不同的学科、学者有不同理解。由于本书所要重点说明的是知识的生产、传授和使用的过程，进而从中发掘高等教育的体制要求，因而更多地与哲学和心理学有关。因此，本书对“知识”含义的理解更多的是出于哲学和心理学角度的。从哲学和心理学的角度来讲，对“知识”的重要定义主要有以下几种。

①罗素（Bertrand Russell，1983）认为：“每个人的知识，从一种重要的意义来讲，决定于他自己个人的经验。他知道他曾看到和听到的事物、他曾读到和别人曾告诉过他的事物，以及他根据这些事件所能推导出来的事物”；“知识首先包含一些事实和一些推论原理，这两者的存在都不需要来自外界的证据，其次包含把推论原理应用到事实身上而得出的所有确实的结果。”[①]

① 罗素.人类的知识[M].张金言，译.北京：商务印书馆，2017.

②贝尔（Daniel Bell，1973）定义："知识是对事实或思想的一套有系统的阐述提出合理的判断或者经验性的结果，它通过某种交流手段，以某种系统的方式传播给其他人。因此，知识有别于新闻和文娱。知识包括新的判断（研究和学问）或者对老的判断的新提法（课本和教学）。……知识是一种客观上已认识的事物，一种精神财富，冠以一个或一组名字，由版权或其他一些社会承认的形式（如出版）所认可。这种知识通过写作和研究所花费的时间，以通信和教育工具的货币补偿方式得到了报酬。……知识是社会基础设施投资的一部分；它是书籍文章中有条理的内容或者甚至是录写下来有粗略计算的供传递的计算机程序。"①

③中国国家科技领导小组办公室（1998）在《关于知识经济与国家知识基础设施》中对知识的定义是："经过人的思维整理过的信息、数据、形象、意象、价值标准，以及社会的其他符号化产物，不仅包括科学技术知识——知识中最重要的部分，而且还包括人文社会科学的知识，商业活动、日常生活和工作中的经验和知识，人人获取、运用和创造知识的知识，以及面临问题做出判断和提出解决方法的知识。"②

④ T.H. 达文波特（T.H.Davnport）和 L. 普鲁赛克（L.Prusak）（1999）认为："知识是一种有组织的经验、价值观、相关信息及洞察力的动态组合，它所构成的框架可以不断地评价和吸收新的经验和信息。它起源于并且作用于有知识的人们的大脑。在组织结构中，它不但存在于文件或档案中，并且还存在于组织机构的程度、过程、实践及惯例之中。"

① 丹尼尔·贝尔. 资本主义文化矛盾[M].赵一凡，译. 北京：生活·读书·新知三联书店，1989.

② 国家科技领导小组办公室.关于知识经济与国家知识基础设施的研究报告[R].1998.

⑤布瓦索（2000）认为，数据本身是能量现象，将我们作为认识主体和外部世界联系起来。而信息是从数据中抽象出来的，信息抽象是我们自己对通过我们的感官所接触的感受（数据）的加工。信息作用在我们的概率分布上，不是减弱就是增强它，即信息使我们以不同的方式思考事物或采取行动。不能修改我们拥有的知识的数据既不带有信息，也不能增长人们的知识。知识是对我们作为认识和行动的主体的内在意向状态所进行的描述，是关于世界或其中某些部分的认识，是可支配的，多多少少可以牢固地掌握的，可以使我们随时在信念的基础上采取行动。这些意向状态受到信息抽象的修正。

综上所述，本书认为，知识就是经过人的思维整理过的信息、数据、形象、意向、价值标准，以及社会的其他符号化产物，它是一种有组织的经验、价值观、相关信息及洞察力的动态组合，它所构成的框架可以不断地评价和吸收新的经验和信息。

从一般情况上看，知识具有以下特征。①实践性和客观性。知识是人类在社会实践中获得的认识与经验，知识的产生有其物质性基础。②隐含性与主观性。知识与其持有主体具有不可分割性，知识在很大程度上是个人化的，是其持有主体的主观理解，带有很强的主观性。③共享性。知识的产生、交流是人类共同实践的同步进程的结果。众多知识的创新正是在人们共享知识式的团队生产中发生的。共享知识能促进知识价值的更充分化利用。④不可逆的重复使用性。知识一经传递或发送，便无法收回，同样的知识可根据目的被频繁地使用。⑤新陈代谢性。知识具有时效性，随着时间的推移，其内涵会发生变化。

对于知识的类型，哈耶克（2003）将知识大致分为两类：一类是科学知识，另一类是具体时间地点的知识。这两类知识对于生产和消费都非常重要，缺一不可。科学知识在其扩散过程中没有或很少有遗漏和走样的危险，很容易从书本、报刊上学习，虽然人们对知识的吸收和理解难免要打一定的折扣。具体知识往往是不规范的，只有结合具体情况才能使人理解，不能脱离当事人流转到较远的时间和空间，而且有些场合下这样的理解也是模糊的，但对特定的时间和地点的知识的掌握与否，直接关系到能否即刻适应瞬息万变的外部条件，因此，对具体知识的把握同样是重要的。

知识还可划分为个人知识与共同知识。同时，在个人知识和共同知识之间，还有一类知识，尽管并非个人知识，但是，难以大范围传播，往往被一个群体、范围内的人所掌握和理解，称之为“俱乐部知识”。比如，地域文化、企业文化等。

舒尔茨（2001）关于人格化和非人格化人力资本的划分：人格化的人力资本就是体现在个人身上的体力、智力和知识的总称。

所谓非人格化人力资本就是能与个人分离的人力资本。比如，书本、图书馆和专利等。人格化的人力资本不断转化和定型为非人格化的人力资本，将经验有效地转化为知识，被认为是社会发展的关键之一。

从知识结构来看，知识间的相互关系可以划分为互补性和互替性两种。知识的互补性是指，知识各个局部之间通常存在互相解释或互为强化的关系。这种互补性有两种形式：时间互补性（同一类型知识的不同知识片段之间沿时间的互补性）、空间互补性（不同类型知识或者不同知识传统之间在空间上的互补性）。知识的互替性是指，某些知识间存在相互竞争关系。在两个知识传统间发生的知识互补性总是比其相互间的互替性更加强烈，这就使得知识间更多地表现出融合和积累的倾向，也使得知识分工背景下的各种知识具有合作的倾向。

对本研究来讲，外明知识和内隐知识的划分更具有意义。外明知识（Explicit Knowledge）指能够以一种系统的方法传达的正式和规范的知识（Allee，1997）。而内隐知识（Tacit Knowledge）是高度个体化、难以形式化或沟通、难以与他人共享的知识（Nonaka&Konno，1998），因而，在一定程度上，具有独占性和排他性，难以与他人交流和共享。同时，外明知识对内隐知识一定程度的抽象和概括，升华为公式、规律、理论等，并以文字形式记载下来，从而使其容易表述和交流。

学者们对两种知识类型的划分是为了论述的方便，实际上任何知识都含有内隐的维度。伦纳德（Leonard）等人（1998）用一个连续体来描述知识：在连续体的一极，是完全内隐的，存在于人的大脑和身体中下意识或无意识的知识；而在连续体的另一极，是完全外明的，或编码的、结构化的，可以为他人所获得的知识。大多数的知识存在于这两极之间，外明的成分是客观的、理性的，而内隐的成分是主观的、经验的。按照这种划分，知识中最主要的部分是内隐知识。内隐知识具有以下特征。①是一种程序性知识，与行动密切相关。②在日常生活中，具有自用性，是人们达到价值目标的工具。目标的价值越高，这种知识支持获得目标就越直接，越有用。③通常只有通过不断的经验积累，从干中学，要靠自己去获得，是不能言传的知识，是在最低环境支持条件下获得的。

第三节　高等教育的知识传授功能及其制度要求

一、高等教育的知识传授功能及其作用

从经济学角度讲，高等教育的知识传授功能发挥作用的直接结果就是形成高素质的人力资本。而人力资本在经济社会发展中的重要性和作用，由于T.W. 舒尔茨等人的研究成果而形成了共识，并在经济学文献中得到了越来越多和越来越充分、清晰的表述。同时，在现代社会中，由于社会上的公众学校和学校教育已经替代了家庭学校来完成技能培训和道德教化功能，成了人力资本培训和形成的最基本的和最重要的场所和形式。这就使得高等教育在经济社会发展中的重要性由于人力资本重要性的充分表达而带有了某种程度上的不言自明的色彩。

根据舒尔茨（2001）的计算，美国1929—1957年雇用劳动者因教育程度的提高在国民收入增长中贡献的比率为33%。我国学者研究表明，1964—1982年，因教育程度提高对中国国民收入增长的贡献，约占同期国民收入总增长额的24%~25%。OECD（Organization for Economic Cooperation and Development，即经济合作与发展组织，简称经合组织）的一项以29国的研究表明，经济增长的25%应归功于教育的效用。李宝元（2000）等人利用中国1978—1996年教育投资与健康投资的数据作为人力资本总投资，同时利用全社会固定资产投资数据作为物质资本总投资，并将他们滞后一期作为自变量，以本期国内生产总值（GDP）作为因变量，用最小二乘法拟合回归方程。其结果表明：当年每增加1亿元的人力资本投资可带来次年GDP近6亿元的增加额，而当年每1亿元的

物质资本投资仅能带来次年2亿元的GDP增加额。[①]

但是，人们对教育等投资的目的并不完全是为了实现就业、收入和经济的增长，在很大程度上，也是为了求得人的全面发展。发展通常以经济增长为前提，但发展的概念并非单指经济增长，人类的发展涉及的不只是人的能力的增长，如健康状况的改善和知识的积累，还涉及如何为休闲、政治、文化活动等的需要来运用这种能力。发展概念强调的不仅是收入等的增长，而且是人的发展、生活质量和人类自由。这就是说，高等教育还承载着重要的社会责任，不仅是要授业解惑，还要“育人”。尽管在经济学中，人们看到的往往是对“报酬递减”现象的描述。实质上，马歇尔就曾指出，在生产过程中，自然的因素呈现报酬递减的趋势，而人的因素呈现了报酬递增的趋势。而在《报酬递增的源泉》一书中，舒尔茨（2001）进一步表明，专业人力资本才是报酬递增的源泉。[②]他在这里所讲的“专业人力资本”，就是一般所说的“异质型的人力资本”。而高等教育所形成的恰是异质型的人力资本。

在基础教育阶段，学校传授的知识往往是共同、一般性的基础性知识。与基础教育相比，高等教育所传授的知识往往是深入的、具有一定专业性的知识，更能够提高学习者的工作能力和处理非均衡状况的能力。同时，在高等教育的训练中，学习者还可以获得更好的学习能力和创造能力，增强学习者知识的自我成长性。这些都使得高等教育的获得者在人力资本的使用价值中具有报酬递增的特征，也因此使得高等教育成为社会经济发展过程中获得高素质人力资本的主要方式和关键。

① 张日新.人力资本与中国高等教育体制改革研究[M].北京：中国经济出版社，2007.

② 西奥多·W.舒尔茨.报酬递增的源泉[M].姚志勇，刘群艺，译.北京：北京大学出版社，2001.

二、知识传授的一般过程

简单地说，知识传授就是知识由发送者转移到接受者的过程。从信息论的角度来讲，知识转移的过程经过了“知识的发送者对其知识进行编码—数据（信号）传递—知识的接受者解码（译码）”[①]的过程。其中，编码过程，就是知识的发送者将蕴藏于其大脑中的知识，用文字、符号、数字、语言、音符、图片、图像等能够被人们感觉器官感知的形式表达出来。他所使用的这些文字、符号、数字、语言、音符、图片、图像等就是数据。数据是信息的载体，是被记录下来可以鉴别的符号，其本身并没有意义，只有经过解释，变成信息，才有意义。同一数据，赋予不同的理解，可以得到不同的信息。

信息由数据产生，并通过数据来表示，而数据是产生信息的原材料，数据经过加工、处理后，转变成有用的信息。而信号则是把数据变换成适合信道传输的物理量，是数据的运载工具。

数据或信号通过信道——载荷着信息的信号所通过的通道，并承担了信息传输和信息存储任务，以信号的方式载荷信息——将知识发送者所要表达的信息传输给知识的接受者。知识的接受者再通过解码以赋予其所收到的各种信号、数据以特定的意义，从而获得知识。

但是，这并不表示知识的这种转移是完全的。①知识的发送者要对其知识进行编码才能对外发送，而这个编码过程就可能造成知识转移的第一次失真，即由于知识中存在大量“只可意会不可言传”的内隐知识，造成知识发送者在编码过程中出现“我的语言无法表达我自己”。同时，这也可能存在由于激励不足，知识的发送者不愿意完全、准确地传授其

① 孟庆生. 信息论[M]. 西安：西安交通大学出版社, 1986.

知识的情况。②在信号传递过程中，还存在由于噪声导致的信号失真问题。③接受者在解码（译码）中无法完全恢复所接受数据的本来意思。这主要是因为编码和解码过程，都是极具个人色彩的过程。由于知识的发送者和接受者的个人经历差异、知识或心智模式的差异等，导致人们在面对相同的数据时，对这些数据所赋予的含义的理解是千差万别的，不可能形成完全一致的理解。

知识传授的目的并不在于传授的过程，而在于知识的接受者能够在理解的基础上掌握和使用这些知识，形成具体的“能力”，称为“知识的内化”。从知识可以分为内隐知识和外明知识的方面来看，一方面，所有的外明知识都植根于内隐知识，外明知识的增长、应用和理解都依赖于内隐知识。而且，内隐知识比外明知识更为基本，人们能够知道的比他能够说出来的东西多得多。

就其功能来说，内隐知识事实上支配着整个的认识活动，包括科学认识活动，为人们的认识活动提供了最终的解释性框架乃至知识信念。因此，对于个人而言，外明知识只有通过内隐化而成为内隐的个人知识，才是可利用的。从信息加工论的角度来看，人类的心智是一个相似于计算机的复杂认知系统，处理或加工来自环境或已经存储于系统内的信息，信息加工的速度、容量等是限制认知能力的重要因素。一些最重要的认知发展，在于获得了用于克服这些限制的程序，这些心理程序经过不断练习得以更加有效地执行，并最终发生自动化（弗拉维尔等，2002）。[①] 这就要求在教学过程中，必须要进行不断的练习，使学生获得的外明知识内隐化。如果这一内隐化过程不能顺利完成，我们就往往会看到学生

① J.H.弗拉维尔. 认知发展[M]. 上海：华东师范大学出版社，2002.

中大量存在“高分低能”的现象。

另一方面，由于内隐知识是高度个体化、难以形式化的；因此，知识只有是外明的，才是能够编码且能以系统方式表述的，进而是可交流、可对比的，并可以以某个逻辑叙述和符号体系为平台和基础，在整个社会的范围内进行积累的。这就又要求知识传授过程必须实现使学生所学习的知识在消化、吸收的基础上再外明化。即学生把知识变成“自己的”，做到可用和可表达这两个要求。

由此可见，知识传授的过程要远复杂于知识的传递过程。从内隐知识和外明知识区分的角度来讲，完整的知识传授过程，首先是知识的接受者获取由某种信号（数据）表达的外明知识，这里的外明知识可以来自书本等，也可能来自教师的教授。之后是由知识的接受者按照其自己的认知模式赋予这些信号以意义，即理解进而掌握这些外明知识。由于信号失真和理解上的偏差，知识的接受者不可能一次就可以完全无偏差地掌握这些知识，还需要他不断地通过包括考试、实践等在内的各种方式的验证，来检验其对知识掌握的准确和完整程度，并在此基础上不断对比、修正其对知识的理解。

需要进一步指出的是，高等教育的知识传授功能执行的结果，并不仅仅是传授了已有的知识，更为重要的是，这一过程改变了学习者的心智结构，同时，也训练和提高了学习者的学习能力、思维能力和科学研究能力，使学习者在离开大学之后能够通过自学持续地获得新知识、生产新知识，因而也为科学研究提供了后继者。因此，高等教育在知识传授中传授的不仅是已有的“死”知识，还要传授关于知识的知识、知识生产的知识。高等教育不仅要培养已有知识的使用者——物质的生产者，还要培养知识的生产者。

三、高等教育知识传授功能执行的制度要求

根据上述知识传授的一般过程及其参与者的特征来看，影响高等教育中知识传授功能执行效率的因素主要有所传授知识的特征、知识源的特征、接受者的特征和知识传授发生的环境特征等。

（一）所传授知识的特征及其制度要求

所传授知识本身的内隐程度、逻辑叙述结构的完善程度等要素，影响着人们对其理解、接受的难度。

一般而言，内隐知识或内隐程度高的知识的传授需要现场的观察、揣摩，不仅难以进行大规模、大范围的传授，而且需要长时间的实践，因而传授效率不可能像外明知识那样高。而由于知识本身的逻辑关系不明确、逻辑结构不太合理，也是难以传授和掌握的。

知识的外明化程度越高，就越容易在大范围内传播。相反，如果知识的内隐化程度越高，往往就只能在小范围内传播。

因此，所传授知识的特征限制了知识传授的方式：一是师徒方式，这是一种小范围的知识传授方式，有利于内隐知识的传授。二是学校教育，主要以传授外明知识为主，适应大规模教育的需要。

很显然，高等教育属于学校教育，是以外明知识的传授为主的。因此，要发展高等教育，就需要以提高知识的外明化程度为基础，以利于知识的传授和分享。

然而，这并不能否定在高等教育中内隐知识传授的重要性。不仅由于在任何组织中内隐知识都是存在的，还可能占其所拥有的知识的大部

分。而且，即便在外明知识的传授过程中，由于外明知识是以抽象的文字、符号或图片等形式存在的，要实现其转移，就必须将这些抽象的符号转化为具体的意义，因为在你看到这些符号时，并不表示你已经理解了其具体含义。而对这些抽象符号的具体意义的理解，则更多的是内隐知识的运用。因此，只要在教育中存在内隐知识的传授，那么，由于内隐知识传播范围和传授方式的限制，任何教育或知识传授组织的规模都是有限度的。由此可以推断，目前，在高等教育领域兴起的“网络教育”“远程教育”等教育方式，仍无法彻底取代传统的大学教育方式，甚至无法使以“心口相传”“以心传心”的教育方式消失，教师仍在这一过程中起着至关重要的作用。

从人力资本的培养过程来看，能力，尤其是核心能力的形成，是至关重要的。然而，一般而言，越是核心的能力，其相互间的差异性越高，其内隐程度也就越高，也就越难以通过大规模教育形成。这就为传统的大学教育方式的保留提供了条件。这在高素质人力资本的培养中，比如，研究生教育中表现得尤为突出。由此也就不难理解，近年研究生大规模扩招之后，研究生质量下降的根本原因。由于导师所带研究生数量增加，尽管大批量教育下的研究生学习了那些外明知识，但那些至关重要的能力、内隐知识无法在这种方式下传授，从而导致研究生质量下降。当然，在这一过程中，研究生导师的数量也在增加，但一方面，其增长速度难以满足研究生数量增长的要求；另一方面，则是进入研究生教育阶段的学生和研究生导师质量的下降。

同时，内隐知识地位的确立，意味着人们必须要承认教师可以拥有自己个人化的“知识”，允许教师对自己的教学实践可以有自己的理解，并鼓励教师经过不断反思和实践形成自己个人化的教育哲学。而且，教师一旦理解自己的内隐知识并有意识地加以利用和改造，他们的教学实践就会发生真正的转变，并从中实现自身的专业化成长。也只有做到这一点，教师才是真正懂得了教学。这就要求给予教师在教学中一定的自主权和自由，允许自由创造的存在。

（二）知识源的特征及其制度要求

就知识源而言，激励程度与知识源的可靠性是关键。在知识经济时代，对个人而言，掌握知识的数量和质量往往决定着人们在竞争中的地位和优势程度。对于企业而言，核心知识更是决定了企业的竞争优势，以及在竞争中的成败。然而，如前所述，知识具有共享性和不可逆的重复使用性，一经传递或发送，便无法收回，同样的知识可根据不同的目的被人们共享和重复使用。因此，出于对权利、竞争优势及地位等的考虑，作为知识源的掌握者，往往并不情愿将自己的知识与其他人共享，除非他在知识传授过程中得到足够的激励。这种激励，在宏观层次上，人们经常使用的是对知识产权的法律保护。而对高等教育组织内的个人而言，这是一个大学的治理机制设计问题。

同时，如果知识源的可靠性未得到确认、未被认为是值得信赖或有见识的时候，知识源的知识向外转移，将是十分困难的，其建议和示范很可能受到挑战或遇到阻力，造成其传递成本上升、效率下降。

比如，大牌教授的新奇观点往往不仅会赢得喝彩，而且更容易被学生接受和以更快的速度在学生中流传。而一般教师的类似观点，则往往会被学生质疑。因此，维护师道尊严，不仅是传统的道德要求，还具有其经济学上的含义。

（三）知识接受者的特征及其制度要求

对于知识的接受行为，同样存在成本，如学习时间和费用等。如果知识的接受者不能预见到未来可以从知识的获取中获得收益——当然，这种收益可以是物质上的，比如，收入的增加，也可以是精神上的，比如，对获取新知识的满足感，那么，他就无法对知识的接受产生动力。因此，对于知识的接受者而言，激励同样是重要的。

从知识接受者的动力来源来看，这些激励可以来自市场竞争，也可以是学术上的竞争和进取心。

同时，知识接受者对新知识的吸收能力和保持能力也是影响其知识接受程度的重要因素。吸收能力是知识接受者预先存在的知识存量的一个函数。因为知识接受者预先存在的知识，实际上是一个自成逻辑的体系、认知模式，如果知识的接受者对所要传授的知识一无所知，那么，其原有的知识体系、认知模式就很难在短时间内接受这些新的知识。只有在他对新知识有所理解，要传授的新知识才能找到在其知识体系中的位置，被其所接受。当然，学习的速度不仅与其已有知识有关，还往往与其聪明程度和努力程度有关，即与固有的天资和激励程度有关。保持能力是指只有当所传授的知识能够被保持下来，知识的传授才是有效的。如果缺乏对知识接受者有效的激励，或知识的接受者缺乏对知识的吸收和保持能力，即便知识的发送者有意传授知识，知识的传授仍然是难以完成的。

（四）知识传授发生的环境特征及其制度要求

良好的环境有助于知识的发送者与接受者之间形成良好的沟通，而不利于双方沟通的环境，则被认为是环境中存在了阻碍因素。在这里，知识传授的环境不仅指知识的发送者与接受者之间的媒介（如物质条件、设备等），也包括有关交流的正式制度（如高等教育与外部环境的关系、内部治理结构等）和非正式制度（如学风、校风等）。而后者在很大程度上可能是更为重要的因素。由于在经济学中，假定每个行为者都是对环境的刺激被动地做出反应，因此，环境的好坏不仅直接关系到信号传输中的失真程度，而且决定了知识的发送者和接受者的行为激励方向和激励水平，因而也就构成了对知识传授效率最具有影响力的外部因素。

由上述可见，对于知识的传授问题，除考虑传统的激励制度因素外，还必须着重考查与知识特性有关的障碍，特别是注意知识的默会性对知识教授过程的影响。这些影响共同构成了高等教育的知识传授功能执行所要求的制度环境与制度安排。

第四节　高等教育的知识生产功能及其制度要求

一、高等教育的知识生产功能及其作用

自20世纪后期以来，全球经济开始发生根本性的转变，以知识为中心的经济增长正在取代以农业、工业为中心的经济增长。由于知识向经济与社会的核心位置跃迁，作为人的技能和知识存量的人力资本，其核心就是人本身所拥有的外明知识和内隐知识，以及知识在社会经济发展中的核心地位就显得越来越明显了。而“新增长理论”则较人力资本理论进一步地突出和强调了知识的核心作用。

相对于其他社会经济组织而言，高等教育具有知识生产的作用，高等

院校是知识的集散地和创造源。在知识经济时代，作为知识源头的高等教育也开始从社会的“后台”步入社会的“前台”，从经济边缘走向经济中心。这主要表现在高等教育所开展的科学研究，尤其是基础科学研究所创造的知识，以及这些知识对经济发展的广泛应用，无不对国家综合竞争力具有决定意义。因此，高等教育无论是对国家，还是对个体，都具有新的重要意义，国家的贫富比人类历史上任何一个时期都更要决定高等教育质量。

根据蒂加和申汉教授等人用以描述知识的产业结构影响的产业分类法，产业分为制造产品的部门、与产品相关的服务业、与知识和个人相关的服务部门。通过这种新的分类法，他们对澳大利亚自 1966—1994 年的就业状况进行了分析，从中发现澳大利亚的就业模式发生了显著的变化：从事产品制造业的人数占总人数的比例从 1966 年的 46% 下降到 1994 年的 28%；而知识和与人相关的服务业的就业人数从 1991 年的 25% 上升到 1994 年的 47%。[①] 其原因就在于，高等院校不仅传播、应用知识，更重要的是生产知识，成为知识创新的主体与科技创新的源头。在发达国家，大学的研发成果往往能够顺利或直接地输送给企业和社会，大学与企业界结成有创造力的伙伴关系。

在美国，不仅大公司与高等院校有着密切的关系，而且大学还在中小企业创新能力形成和创新实践中扮演着重要角色。没有大学参与的 R&D 活动，企业回报率平均只有 14%。相比之下，在有大学参与的 R&D 活动中，企业回报率则高达 30%~40%。同时，硅谷及许多高新技术园区的实

① 申汉. 澳大利亚与知识经济：对科学技术促进经济增长的一种评价[M].柳卸林，冯瑄等，译. 北京：机械工业出版社，1997.

践表明，直接由来自高等院校的高新技术专家领办的企业回报率还要高得多。

从我国的实际情况来看，我国高校拥有丰富的科技创新资源，潜藏着巨大的技术创新实力，多学科共存、交叉、渗透、融合和合作，尤其是信息技术学科对其他学科的渗透和合作，富有创造精神的中青年教师，都是高等院校的独特优势，也是研究高校能够成为科技创新的基地和高新技术产业孵化器的原因所在。高等院校已经成为中国科技创新特别是基础研究领域的生力军，一批高新科技企业重大科技创新产品的涌现，为国民经济培育了新的增长点，如北大方正、清华同方、东软集团等高新科技企业和方正电子出版系统、清华威视集装箱检测系统、东软集团医疗 CT 机及嵌入式软件等重大科技创新产品。

二、知识生产的特征及其制度要求

对于知识生产的个体心理过程，心理学尤其是认知理论进行了大量有价值的研究。从发生认识论的角度讲，让•皮亚杰（Jean Piaget，1970）把人类认知视为复杂有机体之于复杂环境的一种具体的生物适应形势。适应包括同化和调节两种作用和机能，通过同化和调节，认识结构就不断发展，以适应新环境。认知系统不仅仅是对所经历的事物进行简单的心理复制，而且在与环境的交互作用中，创造了关于现实世界的心理结构。卡米洛夫 - 史密斯（Annette Karmiloff-Smith，2001）认为，认知模式的调节并不是完全受外源影响，处于稳定状态的系统也可以通过自动地改进来实现，即以内省的方式实现。①

① A.卡米洛夫–史密斯. 超越模块性：认知科学的发展观[M].缪小春，译. 上海：华东师范大学出版社, 2001.

格尔哈德·帕普克（2001）指出，从心理学的角度来看，知识的获得必须依靠神经元间的联系。它们能够形成一种哈耶克所谓的具有发展特点的感知能力，在人类生命进程中独立发展，并产生变异。新获得的经验可以引发新的感觉，修正原先的分类模式，由此开始了一种选择性的学习过程。[①]巴特·努特布姆认为，认知主体在与周围的物质社会环境相互作用时会形成范畴（categories），并在范畴的基础上，产生认知（包括知觉、诠释和评估）。[②]因此，认知不仅是路径依赖的，而且在某种程度上是特殊的。认知因主体而异，主体在不同环境中会形成各自不同的范畴；反之，在稳定、共享的环境中，各主体的认知则相对一致。

由上述可知，人类通过复杂的心理过程对周围杂乱无章的世界进行心理建构，以完成其认知过程，并通过不断地调整其认知结构和认知模式，深化其对周围环境和事物的认识，并由此形成了每个个体极具个人色彩的个人知识（体系），因而这些知识是内隐的。知识的生产首先是个体的认知行为和认知过程。这在很大程度上也说明，知识（或理论）作为现实世界的模型，其获取除了在现实与理论之间以心理建构，即爱因斯坦所说的“自由联想”“自由创造”为联系之外，别无他途。

对于这种心理建构，一方面，作为认知主体的个人，需要继承原有的知识以构建其最初的认知模式。另一方面，知识生产的产品所具有的价值在于它是对原有知识的超越，是有科学进步意义的创新，因而原创性是衡量知识价值的最基本的标准。这就是说，知识生产所要求的心理建

① 格尔哈德·帕普克. 知识、自由与秩序：哈耶克思想论集[M].黄冰源等，译. 北京：中国社会科学出版社, 2001.

② 巴特·努特布姆.建立基于学习的交易模型[C].朱舟，黄瑞虹，译.上海：上海财经大学出版社，2002.

构是在已有基础上的新的建构。这导致了知识生产具有以下特征。

一是作为一种创新过程，知识生产成果的出现具有很强的不确定性。创新的结果不仅取决于个人的研究能力、禀赋、人力资本投入的多少，同时，很大程度上还取决于运气。这就导致为了取得某项创新成果而花费了研究者巨大的人力和物力，但是，由于研究路线选择或其他原因，不断地经历失败，无法成功。而有些研究者却能够很幸运地在较短的时间里取得成功。尽管可以通过细致的路线设计等前期工作提高成功的概率，但这并不能否认这种不确定性的存在。这尤其明确地反映在基础知识的研究领域。

二是知识生产的成果具有不可描述性或不可验证性。绝大部分的基础知识创新和技术创新，其价值都难以用法律条文或某种客观的标准来描述和评价，因而无法由公众或权威的仲裁机构来认定，只能在学术圈内部以“共识”的方式加以评价。

三是知识生产主体的投入和行动，具有不可观察性。知识生产活动主要是脑力劳动，投入的主要是人力资本。由于思考过程是不可观察的，投入的知识和人力资本也同样是不可观察的，使得该过程不可能像物质产品的生产过程那样，能够进行有效的监督和管理，因此导致行为主体道德风险的存在。

知识生产的上述特征决定了，它是人类社会中最为复杂的生产活动。这种复杂性不仅表现在它的价值认定上，而且更为重要的是，表现在其监督和激励机制的设计上。

简单地讲，这就不仅要求在知识生产的过程中给知识生产者以“自由联想”“自由创造”的权利和空间，而且还必须设计恰当的监督激励机制，以创造鼓励知识生产的内外部环境。同时，要将这些极具个人色彩的个人知识转化成为共同知识，即外明知识或科学知识，还必须要经过从内隐知识到外明知识的过程，即外明、表达的过程。这一过程按照一套人们共同认可的逻辑方式，在共同的规则下，将个体的心理表征结构和表征程序向外界进行表达，进而以文字、符号等形成外界可理解的逻辑体系或其中的一个部分。

同时，在教学过程中，还必须要特别注重培养学生的想象力和创新能力，为知识生产提供源源不断的生力军。当然，还必须看到，人们的"自由联想""自由创造"的能力是有差异的，因而并不是所有的学生都可以培养成为知识的生产者，其中的大部分仍需要以知识的使用为主要职业。

三、知识生产中的合作、知识共享及其制度要求

（一）社会宏观层次的知识合作、共享及其制度环境要求

知识生产既是一个个体的认知过程，也需要知识生产者之间合作、讨论和知识的共享。这个不仅包括外明知识，更包括内隐知识。这首先是因为与劳动分工相对应的知识的分工。从知识分工的角度来看，每个人所掌握的只是相互联系的知识链条中的某些环节，因而使知识与知识之间在结构上存在着互补性和互替性两种关系，从而在客观上要求人们在社会整体的层次上进行合作和实现对知识的共享。而这又要求有共同的知识平台，不至于由于对相同符号的不同理解而造成沟通困难，即需要共同的符号体系、学术规则、叙述传统、逻辑形式等，从而实现在知识分子间是可对话的。只有这样，知识才是科学的。

从这个意义上讲，科学只是一个具有明确意义的、叙述的逻辑体系，

是系统化的知识，也因而使知识具有了累积性和累积能力，即后来者可以在理解、掌握前人知识的基础上，做进一步的创新，而不是一切从头开始。而且，在知识的不同逻辑叙述体系间的相互交流、对比中，可以发现、比较这些已有知识在逻辑体系、结构等方面的缺陷，从而促进知识的完善和发展。这就意味着，知识的发展需要信息的交流、争论，在一定学术规则下的热烈的学术讨论是知识生产理想的环境，知识生产者的理想职业因而不应是“灯塔的守望者”，而是“搬山者”。离开交流、讨论的环境，无法进行思维碰撞，学者难以从外界获取新的信息、来自同行挑战的刺激等，就失去了对其心理结构进行调整的一个重要动力来源，只能依靠内省的力量，因而其创新能力很快就会下降。同时，科学还必须是可检验的、可证伪的，以便从各种观点中通过相互的交流、对比，来筛选那些暂时还可靠的知识。

这就要求有一个符合有利于知识生产的制度体系保证其运行。

首先，这需要建立一个有利于知识累积的平台、科学技术结构。金观涛等认为，从近代科学发展的历史来看，西方在16世纪之后逐步确立了构造性自然观、受控实验和开放性技术体系组成的近代科学技术结构，这种结构具有科学理论、实验和技术三者相互推动的循环加速机制，促进了西方科学技术的革命。从历史上看，西方在16、17世纪，的确仅仅确定了构造性自然观和受控实验系统。技术发展高峰的出现要等到18世纪的工业革命。这表明，科学成果的社会化需要两个历史条件：开放的市场经济结构的确立；适应构造性自然观和受控实验系统的近代开放性技术结构的形成。对此，他们指出，近代科学技术结构的形成与发展有三个必要条件：①原始科学结构的种子。②大一统型的通信技术。③社会结构的转化，即由封闭型向开放型转化。

现代科学结构把经验——实验和观察作为知识的基础和最基本的检验方式，其重要性不仅在于，建立了知识体系的全新基础，而且还在于，隐喻了人类不再必须相信杰出权威的话，任何断言和理论都可以用经验和实验加以检验。因此，科学注重的不再是著述者的资格和学问，而是其报告的真实性，以及他对科学方法的真正理解和对实验与观察的熟练程度。从这个意义上讲，科学的发展（知识生产）获得了民主和自由，更多地运用于适当的方法，而不是少数人的见识。这也为科学的持续发展提供了基本保证。

其次，是要建立知识产权保护与激励机制。一般而言，知识或技术创新所生成的新知识，在本质上是一种公共物品，具有很强的溢出效应，即正的外部性。这种极强的正的外部性使其社会价值很难被准确地估计出来，往往也无法通过市场机制来确定。虽然现行的保护知识产权的法律和制度，如专利保护制度，可以通过法律的方式使得技术创新的所有者成为独占者，从而使其将创新的外部收益内生化，但是，这种垄断体制对于知识的传播是无效率的。此外，基础知识的创新，以及大部分应用知识和技术的创新，由于其应用边界和价值特性无法准确描述而不能申请专利保护。因此，在下一节的讨论中也可以看出，能够以法律等方式内生化收益的知识创新往往是能够以某种方式确定其价值的。这还需要以著作权等其他方式对剩余的多数知识创新进行保护和激励。

（二）组织层次的知识合作、共享及其制度要求

以上主要是从外明知识在整个社会层次上利用的角度，来认识知识生

产中的知识共享与合作。而内隐知识往往只能在较小范围内得到有效的利用，而且由于内隐知识在整个知识体系中所占的重要地位，对内隐知识的利用，不只对于知识生产，而且对于整个社会生产，都具有重要的作用。因此，如何在小范围内有效地使用内隐知识，同样是知识生产中的一个重要课题。

从内隐知识和外明知识相互关系的角度来看，知识生产是外明知识与内隐知识之间交互作用的一个螺旋式上升过程。

对于具体的组织而言，野中郁次郎（Ikujiro Nonaka，1998）提出了两类知识在组织内部相互转化的四种模式，以及与之相对应的四种“场”（ba），作为知识生产和转化的组织基础。①

1. 社会化（socialization）与“源发场”（originating ba）。

社会化是指个人间分享隐性知识的过程，主要通过观察、模仿和亲身实践等方式，使内隐知识在组织内得以传递。在与之对应的源发场中，个体间的沟通障碍被消除，人们共享有关感觉、情绪、经验和心智的内隐知识。这就需要组织：一是建设组织文化，建立组织内的共有价值体系，鼓励向组织中的其他成员学习。通过树立榜样、建立激励机制等方式，鼓励成员向组织贡献自己的知识、为组织的远景目标贡献自己的力量。塑造共同的知识愿景，使组织成员看到知识共享所带来的巨大回报。二是建立灵活开放的、扁平化的组织结构，消除组织内各部门间的交流壁垒，并与外界建立友好的沟通界面，为个体间的沟通和交流建立良好的基础。

2. 外部化（externalization）与“互动场”（interacting ba）。

① 野中郁次郎，胜贝明. 创新的本质[M].林忠鹏，谢群，译. 北京：知识产权出版社，2006.

外部化是对内隐知识的明晰表述，将其转化成别人容易理解的形式，主要依赖于类比、隐喻和假设、聆听和深度会谈的方式，来推动内隐知识向外明知识的转化。与之相对的是互动场。组织通过选择适当的具有特定知识和能力的人，组成项目团队、任务小组、交叉功能团队，由这样一群个体提供一个知识交流的场所。通过交流和对话，个体的心智模式和技能转化为团队共同的术语和概念，个体享有了他人的心智模式，同时也促发了个体对自己所持心智模式的反思和分析。

3. 联合化（combination）与“网络场”（cyber ba）。

联合化是将外明知识转化为更为复杂、系统的外明知识的过程。这首先是捕捉和整合新的外明知识。其次，直接传播外明知识，使新知识在组织成员中传递。最后，编辑和加工外明知识，使其变得更为可用。由此，个人知识上升为组织知识，从而能更方便地为更多人共享。与之对应的是网络场。这是一种由虚拟世界代替真实时空的“场”。在这里，新的外明知识与已有的外明知识连接，并被组合、储存，由全组织中的成员共享。

4. 内在化（internalization）与“训练场”（exercising ba）。

内在化是将新的外明知识转化为组织的内隐知识的过程，即外明的组织知识转化为组织中其他成员的内隐知识，组织成员获取了联合化知识后，可以通过团体工作、干中学和工作培训将其用于工作中，并创造出新的内隐知识。而与之对应的训练场支持外明知识的内在化，促进外明知识转化为组织的内隐知识，从而使组织具有自身独特的性质。组织需要通过培训将外明知识传递给成员，但常规的学习过程只能传授其他组织也同样可以获得的知识，而对外明知识的实际运用，可以不断强化知识的内在化过程，使外明知识增加内隐的成分。因此，知识内在化的培训，特别注重通过在职培训，进行持续自我强化的学习、岗位轮换和积极参与。

知识的转化、传递和创造是一个动态的、递进的过程，当组织的内隐知识完成一次知识螺旋运动并转化为新的内隐知识时，新一轮的知识螺旋又开始了。

然而，组织内部的知识共享，并非在任何情况下都会自动实现。由于知识的独占已成为人们提升地位的基本条件，而组织成员间又存在一定的竞争关系，这使得组织成员往往出于自身利益的考虑，和避免因说出真实想法而陷入尴尬的境地，而不愿转移自己的知识。同时，组织成员的专业领域和知识结构如果差异很大，不但会增加知识转移者的成本，而且会对各自所提供的共享知识的价值评价产生很大差异，使某些知识转移者觉得获得的知识补偿很低，因而不愿继续转移自己的知识。

这就要求：一是建立知识互惠机制，确保每位成员向同事提供自己拥有的知识，都会得到其他同事提供价值相当的知识作为补偿。二是在同事间建立起广泛的信任关系。三是建立激励机制，给予知识的提供者以各种形式的、预期稳定的鼓励，这可以是精神上的，比如，通过组织的确认，提高其在组织中的声望，也可以是物质奖励，比如一次性的奖励或工资水平的提高。

第五节　高等教育的服务社会功能

在现代的高等教育中，服务社会功能已经由以前的间接功能变为直接功能。如果高等教育只是通过知识传授和知识生产来促进社会进步和经济发展，那么，这种作用仍是间接的。而从 19 世纪中期开始，美国大学开风气之先，跳过这种间接的方式，直接利用大学所拥有的知识资源、人力资源和物质资源，为社会经济活动提供服务。这种功能的执行方式主要是大学通过建立长期合作伙伴关系、签订短期契约、委托项目等方式，为各级政府、企业或个人，提供管理和技术咨询、技术服务、科研成果转让和转化等服务。大学则在这个过程中，获得服务回报。这实际上就是大学对其知识资源和人力资源的实际应用（应用型科研活动）并出售其成果的过程。知识资源和人力资源在这个过程中的使用，仍是一个知识生产的问题，其特征决定了在大学内部建立怎样的治理机制才是有效的。而其产出的特征则决定了大学与外部的关系特征与制度要求。

高等教育的服务社会功能的产出主要是以知识产品的形式出现的。在现代社会，知识作为一种十分重要的资源，能带来巨大的效益，因而具有商品性质。对于知识的特性，前已述及。由于其共享性和在创造过程中需要耗费成本，为鼓励知识生产活动，就必须对知识产品予以产权保护。

从知识产权的内容来看，其核心是发明权或发现权，这是一种优先权。由这种优先权带来另两项权利：一是人身权，社会和他人对其创造性作品的承认和精神鼓励，主要是署名权。二是财产权，如所有权、收益权和处分权等。这两类权利并不一定是同时都能享有的，如基础性研究的论文、著作主要是通过署名权带来荣誉，只有人身权。而对一些保密技术来说，发现人放弃了署名权等人身权，但是，可能享有更多的财产权。

由于知识的共享性特征，以及外明知识能迅速传播、易于掌握的特点，使得他人可轻易地获得发明人的知识产品而进行应用和收益。

因此，知识产权的权利实现有两条途径。一是保密。严密控制和限制知识的传播，从而独享知识带来的效益。二是注册登记。通过国家的行政部门确认知识财产的权利人，来保证权利的实现，这是最主要的途径。这需要通过一系列的社会机构来予以保障，如注册登记机构、检查机构、执法保护机构等。这就使得知识产权具有如下缺点。

第一，知识产权是一种无形财产权。知识产权所保护的客体是一种没有形体的精神财富。客体的非物质性是知识产权的本质属性和特征，也是该项权利与有形财产所有权相区别的最根本的标志。

第二，知识产权的法律确认性，即知识产权必须经专门的法律给以直接的确认才能产生。知识产权没有形体，不占有空间，难以实际控制。因此，虽然法律规定知识产权是一种民事权利，但是，并不意味着每个公民对自己头脑中的知识和聪明才智享有民事权利。法律仅承认该种民事权利的客体是智力成果，而非智力本身。因而，知识产权的承认与保护，通常需要法律上的直接具体的规定。

第三，知识产权的专有性，即垄断性或独占性。智力成果可以同时为多个主体所使用，因此，大多数的知识产权具有法律授予的独占权、排他性，这就使得对同一项智力成果不能同时存在两个或两个以上的所有权人。

第四，知识产权的地域性，即知识产权只能在授予国范围内得到法律保护。就此而言，知识产权有别于财产权。

第五，知识产权的时间性，即知识产权都有法定的保护期限，有效期限一旦届满，权利就自行终止或消灭，相关智力成果即成为整个社会的共同财富，任何人均可以自由利用。

综上所述，高等教育由于其基本功能而决定了它在社会经济发展中具有举足轻重的作用。而且，高等教育的三大基本功能，不仅决定了高等教育在社会经济发展中所具有的地位和作用，这些基本职能的实现方式、特征及其要求，也决定了高等教育的组织和运行的基本模式、特征和规律，以及应该采取的内部组织结构和它所要求的适宜的外部环境。

第二章　高等教育人才培养模式建构

第一节　人才培养模式含义

中共中央、国务院2010年6月制定和印发《国家中长期人才发展规划纲要（2010—2020）》把未来人才归为三类：一是创新型科技人才，二是经济社会发展重点领域急需紧缺专门人才，三是党政人才、企业经营管理人才、专业技术人才、高技能人才、农村实用人才等。从学术研究角度来说，一般学者都把人才分为两类：研究型人才和应用型人才。研究型人才，是指以探索未知、认识自然和社会、发现科学为己任的基础研究和应用研究的专门人才，即能够研究和发现自然界的一般规律的人才。应用型人才则是能够把已发现的一般自然规律转化为应用成果的“桥梁”型人才。作为人才培养，研究型人才和应用型人才在技能和能力发展的要求上有不同的侧重点。研究型人才主要侧重于烦琐的洞察能力和判断能力、丰富的想象力、较强的应变能力和开拓创新能力的培养。而应用型人才则主要侧重于行动的技能和能力、信息技能与能力、组织协调能力、沟通能力和实践操作能力的培养。

一、人才培养模式

人才培养是高等学校的基本任务，不断提高人才培养质量，服务地方经济社会发展是高等教育的生命线和持之以恒的目标追求。要全面贯彻党的教育方针，造就数以亿计的高素质劳动者、数以千万计的专门人才和一大批拔尖创新人才。人才培养首先要确立目标，围绕社会需要，培养基础宽厚，专通融合，以具有市场竞争力为起点。构建社会需求——学校间的供求关系，学校——生源间的供求关系，联结生源的期望和社会需求，完成中间培养和转化的过程可以演化出多种模式。其核心是需求驱动型的培养模式。即需求导向—培养目标—培养模式—培养过程—评估与管理。

人才培养模式是在一定的思想或理论指导下，围绕人才培养目标所实施的教育活动而形成的人才培养的标准形式，或使人可以照着做的人才培养标准样式。人才培养模式就是造就人才的组织结构样式和特殊运行方式。人才培养模式包括人才培养目标、教学制度、课程结构和课程内容、教学方法和教学组织形式、校园文化诸要素。为鼓励和支持高等院校进行人才培养模式的大胆改革，教育部将人才培养模式创新实验区建设作为国家高等教育质量工程建设的重要内容，以倡导启发式教学和探究式学习为核心，推动教学理念、机制和体系的创新，努力形成有利于多样化创新人才成长的培养体系和培养基地。

二、高等教育在国家人才培养结构体系中的定位

近几年来，我国高等教育规模得到长足发展，已经初步形成了多层次、多类型、多形式的高等教育结构体系。系统论认为，任何复杂事物都是

一个系统，它是由若干要素组成的相互联系、相互作用、引起不断发展变化的整体。从整个社会系统来看，高等教育的系统层次结构、主次关系为：人类社会系统—文化系统—教育系统—高等教育系统—普通高等教育系统。普通高等院校要培养什么样的人才，明确其自身在整个系统中的位置，即定位，是基础和前提。

将国家人才结构体系比作一个金字塔，那么位于塔尖的创新人才决定着 21 世纪国家的核心竞争力；各级专门人才位于塔身，是国家发展的中坚力量；塔的底座则是大量高素质劳动者。而每一类人才，其培养模式是各不相同的。正如美国高等教育思想家克拉克·科尔所说："一个民主社会应具备至少三种类型的高等教育，即培养研究生和开展科学研究的模式；对本科生进行专业训练和普通教育素质培养的模式；和培养实用型人才的模式。"①因此，高等学校应根据各自承担的人才培养职能，即开展研究性教育、应用性教育和实用技术性教育予以分类。我国人才培养结构体系也相应分为三类:第一类是国家重点高校，主要开展研究性教育。第二类是地方本科院校，主要开展应用性教育，培养各行各业应用性高级专门人才。第三类是高等教育高校院校，以开展高等教育为主。地方本科院校的首要职能是创新多样化的人才培养模式，以适应社会发展对应用型高级专门人才的要求。

（一）从高等教育在整个社会系统中的定位来看

高校人才培养目标总是与其在高等教育系统内所处的层次和地位密切相连的。就我国现阶段高等教育体系而言，高等学校大致可以分为三个

① 克拉克·科尔，玛丽安·盖德. 大学校长的多重生活[M].赵炬明，译. 桂林：广西师范大学出版社, 2008.04.

层次，即设有研究生院、本科教育与研究生教育并重、教学与科研并重的重点院校，以教学为主、以本科教育为主的一般院校，以培养应用型、技艺型人才的专科院校。在这里，高等教育或者地方院校主要是指地方本科院校，属于第二层次的高校，即通常所说的教学型高等院校，其人才培养目标既不同于重点大学，也与专科学校、高等教育学院有所区别，因此，高等教育人才培养才呈现为一种较为复杂的状况，但对它的分析离不开高等教育在整个社会系统中的定位。

（二）从高等教育在整个社会系统中的定位来看

高等教育的多样性既需要高等学校之间的自由竞争，又需要避免这种竞争的无序化。这就需要强调高等学校的分层次发展和同层次竞争，高等学校之间人才培养层次理应有差别，即有不同的定位。在我国的高等教育系统中，存在着重点高等院校（进入“211”工程的高等院校）和普通高等院校。据统计，“211”工程学校占全国高等院校比例虽然不到10%，但科研经费、仪器设备值占全国高校的72%、54%，有博士学位的教师占全国高校中有博士学位教师的87%，覆盖了全国96%的国家重点实验室和85%的国家重点学科。[①]据此可见，重点大学研究实力雄厚，在师资队伍条件、科研环境、教学资金等方面存在较大优势，应主要从事培养基础理论科学和应用科学的研究型人才。而地方高等院校由于其受研究基础、教学资金、师资条件等多方面因素限制，其人才培养目标应定位于培养应用型人才，主要为地方经济、区域经济的发展服务。这符合系统论的原理，系统是有层次、功能的；从社会经济结构来说，应用型人才是社会需求量最大的。

① 邓道玉. 进入“211工程”的中国高校[M]. 武汉：湖北人民出版社, 2003.

（三）从学校内部各要素在学校发展中的定位来看

当一所高等院校有了明晰的发展定位，学校内部各要素在学校发展中的定位也就很清楚，一切都是围绕定位目标进行的，应充分考虑自己办学规模、师资条件、服务面向、学科布局、专业建设、课程体系、管理模式等具体要素，来服务于人才特色的培养。多样化教育的核心内涵则是构建多样化的人才培养质量观。在经济、社会高速发展的今天，社会对人才的需求是多样的，学校学科专业门类、人才培养目标、培养方式是多样的，学生的个性、志向、潜力也是多样的，这些都决定了质量标准的多样化。

三、高等教育人才培养目标依据

现实的社会人才需求具有梯次性，教育对象自身在知识素养方面具有差异，高等教育在对学生知识教育和能力培养的标准和标高方面具有层次性。地方本科院校由于其特定的地位，决定了它必须而且应该主要承担起对于实用型人才的培养任务。地方本科院校在确立实用型人才基本培养目标的同时，要注意对应用型、技能型人才或高素质的劳动者的培养。

（一）劳动力市场分割理论、工作匹配模型理论与就业目标市场的选定劳动力市场分割理论

整个劳动力市场可以分为性质不同的两部分：主劳动力市场（the primary segment）和次劳动力市场（the secondary segment），二者的人员构成和运行规则有着明显的不同。之后一些经济学家认为，即使在主劳动力市场内部，劳动力市场的特征也是不同质的。他们把主劳动力市

场又分为两个相互分割的部分：独立主劳动力市场和从属主劳动力市场。独立主劳动力市场的工作主要是专业性、管理性和技术性的，个人有很大的自主权，鼓励创造、自主等个人品质；而从属主劳动力市场通常是完成某个专门领域的某项专门任务，管理方式通常是制度化和程序化的。

高等教育人才培养的目标市场大都选择独立主劳动力市场和从属主劳动力市场。工作匹配理论强调个人能力和工作特征的交互作用是个人在某个工作岗位上的生产率的决定因素，因此，在一个岗位上的生产率是个人能力和工作岗位特性联合作用的结果。在个人能力既定的情况下，一些人更适合做某些工作，而不适合做其他的工作。工作匹配模型认为，某些类型的教育比起其他类型的教育在某些职业岗位上具有比较优势，突出了每种类型的教育都有自己的职业域（occupalimial domain），都有一组在其中有比较优势的职业，只有当某种类型或层次的教育与某个岗位域的特征相匹配时，接受教育的劳动者才能获得比较优势。工作匹配模型要求教育系统按照发挥某一类型教育在某些职业域中的比较优势的方式来运行。这就要求教育系统更加关注劳动力市场的需求，主动寻找自身在劳动力市场中的定位，针对该类职业域的特征调整专业设置、培养目标、能力要求等。

（二）学校能级理论、社会分层理论对高等教育的办学定位具有基础性作用

学校分层的理由主要有三个：①学校差别的客观存在。学校差别是导致学校分化的前提和基础，而学校分化的发展会促使学校差别的进一步增大。②政府希望学校有特色。在专业教育阶段，政府并不希望学校

相互模仿与雷同，而希望淡化学校好坏之分，使其各具特色。③由劳动力市场人才需求的多样性决定。从不同视角可以将高等教育的结构分为若干子系统，它们在一定条件下分别决定着高等教育某方面的功能，又相互关联，构成高等教育的整体结构。高等学校层次结构即是其中之一，在国际上被称为高等学校的能级结构。它是指具有不同办学条件和目标、处于不同办学层次的高等学校的构成状态，主要侧重于按高等学校的办学和学术层次及其任务和目标的不同进行学校类别结构的理解。

目前，国际上大致有如下三种能级：一是具有较高学术水平和较强的科研能力、教学与科研并重、普通教育和研究生教育并重的研究型大学。二是以教学为主、本科为主的一般高等学校。三是专科学校、社区学院、高等教育学院、短期职业大学等。三类学校的服务面向、管理体制、培养目标、专业设置、课程设置等都存在较大的区别。各层次的高等学校承担着不同规格的人才培养任务，它们培养的毕业生要为社会的各种岗位层次服务。社会对人才的需求是立体的、多层次的，因此，按照学校能级理论，高等教育应以培养应用型人才为主。

社会分层理论是西方社会学中的重要组成部分，把它用于大学的人才培养目标制定是非常恰当的。在西方社会学中最早提出社会分层理论的是德国社会学家马克斯·韦伯。韦伯社会分层理论的核心是所谓划分社会层次结构所必须依据的三重标准，即财富—经济标准，声望—社会标准，权力—政治标准。[①]高等教育无论在财力、社会声望还是在学术界的话语权都很难与重点大学相比，这就决定了其人才培养目标不能与重点大学雷同或趋同。

① 马克斯·韦伯.经济与社会 [M].上海：上海人民出版社，2010.01.

（三）我国劳动力市场需求状况决定的

地方本科院校作为国家办在地方的高等院校，理应主动适应和满足当地经济和社会发展需求，为各行业工作和生产第一线培养和输送这种应用型、技能型人才。现阶段我国人才市场的高学历趋势，造成本科毕业生就业于一般劳动者的工作岗位，将逐步地成为一种普遍现象。这也从一个方面决定了应用型、技能型人才必然地成为地方院校培养目标。

把较高层次的研究型人才的培养作为一个激励性目标，既是对高等教育在校学生而言的，也是符合这类学校自身发展需要的。首先，在高等教育范畴内，将不同高校人才培养目标确定为研究型人才和实用型人才，这本来就是一个相对的划分。学生在大学本科毕业后，是朝着研究型人才的方向还是朝着实用型人才的方向发展，不同学校只有相对的数量的区别。事实上，地方院校的本科毕业生也会有一部分考上重点院校的研究生。其次，研究型人才和实用型人才也是相对的。教师、医生、工程师和管理人员是实用型人才，但优秀的、杰出的教师、医生、工程师和管理人员同时就是本行业的研究人才和专家。

从生源质量看，高等教育本科生中历来就有一批知识素养和智力、心理素质十分优秀的学生，他们有着极强的进取心和拼搏精神，经过引导和激励这样一批优秀的青年学生向着更高层次的人才培养目标奋进，无论是对于他们本身还是整个学校的学风建设，都是具有积极意义的事情。

另一个方面，大众化高等教育背景下进入高等教育的教育对象构成本身也发生了许多变化。一些高考文化成绩较差的学生相继进入地方本科院校，由于知识、智力等基础条件的局限，这部分学生进入高等教育后一般都很难适应传统的本科学历教育的要求，如果严格按照传统、划一的学科教学和学术标准要求他们，既不适应经济社会发展对人才多样化的需要，也不符合学生成长和发展的实际。对于这部分学生应该依据应用型、技能型人才培养的要求进行教育和培养。根据人才培养目标的不同层次实施不同的教育，这也是地方本科院校在大众化高等教育背景下切实保证教育教学质量的根本出路。但如何对这样一个层次的学生实施有效的教育，也是高等教育面临的一个新的问题。

由于一般本科院校的办学层次位于重点大学与高等教育高校院校之间，且人才培养定位具有复杂性的特点，故高等教育的人才培养目标应定位在以应用型人才培养为主，兼顾学术型与应用型人才培养。基于这种定位，高等教育在人才培养上要采取分层培养、分层教学的措施，这样才能取得比较好的效果。当下一些高等教育把人才培养目标定位在纯粹培养应用型高级专门人才上，比较单调，不太符合学校实情。

我国人口众多，人力资源相当丰富，潜在的优势并未成为现实优势，我国许多地区相当多的专业技术人员处于闲置、半闲置或“在职待业”的状态；有些高校毕业生因专业不对口分不出去，造成人才资源浪费；而我国的人才总量丰富，人才占人力资源的比例远远低于发达国家，人才的专业、年龄结构和产业、区域分布的不合理性，使不少地区高级技术人员严重缺乏，尤其是创新研发人才、营销人才和网络软件人才稀缺。要顺利实施人才强国战略，充分发挥人才在推进我国经济发展新跨越、全面建设小康社会中的重要作用，就必须健全和完善与各类人才的特点和促进人的全面发展相适应的人才培养机制。高等教育作为我国大众化高等教育的主体，其人才培养理念和实践将对我国整个高等教育体系和谐发展产生重要的影响。但地方高等学校在发展过程中存在办学层次“攀升”与人才类型“趋同”的发展趋势，从而引发了高等教育的“悖论”和社会各方面对高等教育的关注。因此，高等教育必须理性对待发展中出现的问题，树立科学的人才培养理念并在实践中寻求可持续发展的特色之路，以提供“更多的”和“更不同的”受教育机会，来满足社会对高等教育的“过渡需求”和“差异需求”，提升其在高等教育市场中的竞争力，进而步入可持续的特色发展之路。地方本科院校为满足社会多层次、多元化的社会需求，而使自身教育、培养目标出现多元化、多层次的特征。与这种教育、培养目标多层次、多元化特征相适应，原有的单一的教育模式必将被打破，新的多形式、多样化的教育方式伴随之将会出现，积极探索这种多形式、多样化的教育方式，并使之相互促进，协调发展，这是地方高等学校所面临的一个新的重要任务。

第二节　高等教育现行人才培养主要模式

为了实现高校可持续转型发展，近几年，高等教育根据市场需求的状况，从各地实际出发，探索出许多人才培养模式。

一、“党管人才”与市场导向结合的人才培养机制

人才的基础环节在于人才培养，承担“人才培养、知识创造、文化传承和服务社会”职能的高等教育，在新形势下肩负着重要的历史使命。2013 年 12 月，全国人才工作会议就提出要坚持党管人才原则。我国高等教育现阶段实行党委领导下的校长责任制，这是坚持党对高校领导的根本要求——推动和保证高等教育事业健康发展的客观需要，是我国高等教

育事业社会主义性质的本质要求，也是高等教育事业发展基本经验的总结，此种结构体系在一定程度上亦是“党管人才”的思想反映。《中共中央国务院关于进一步加强人才工作的决定》（2003 年）明确指出，党管人才主要是管宏观、管政策、管协调、管服务。各级党委（党组）按照管好管活的要求，重点抓好五个方面的工作，即搞好统筹规划、坚持分类指导、注重整合力量、积极提供服务、实行依法管理。也就是说，党管人才在一定程度上要求党和政府对高等教育实施计划、组织、协调、控制的管理过程，制定一系列政策、法律制度和行政法规，采取一些必要的措施促进高校人才培养新格局形成，为高校人才培养创新提供条件，对高校人才培养加以协调，使高校人才培养适应产业结构调整及转型需要，为地方经济振兴提供知识、技术和智力支撑。

在社会主义市场经济条件下，高校人才培养应以市场需要及社会对人才的需求为导向，从价值规律的角度出发，推动教育创新，优化教育结构，改革培养模式，提高教育质量，培养“有用的且用得上的”的社会需求人才，使人才符合供求关系，实现人才资源的合理配置。

高等教育要服务于振兴，亦要在服务振兴中得到发展。高等教育在“党管人才”即党和政府宏观调控之下，以市场为导向，适应地方经济社会需要，以战略性眼光，高瞻远瞩，依条件的变化和改革进程的推进，对人才培养机制做相应调整。“党管人才”与市场导向二者的辩证关系，在构建服务地方经济社会发展的高校人才培养机制前提下，市场导向是基础，“党管人才”是保证，“党管人才”在协调与服务中优化市场导向。这是高等教育发展的新视角。以高校的职能来看，教育存在的根基，即要面向经济社会发展需求，与时俱进，服务于社会。社会需求决定了市场导向的基础作用，它对构建高等教育人才培养机制，具有先导性的推动功能。其要点是：

第一，“就业率”是检验高校生产效益最重要的标准之一。学校应注重找准人才培养与人才需求的契合点，以就业为导向来调整学科结构、专业设置、人才培养方向、人才培养模式等，把握市场先机，优化人才培养结构，结合学校本身的办学定位和发展战略，努力提高就业率。高等教育应该转变办学指导思想，应根据不同类别、不同层次人才的特点，确立不同的培养目标和价值取向，培养多层次人才及社会需要的复合式人才。

第二，“党管人才”保证高校人才培养的大方向，防旱防涝，使其终归于一，汇入大海，以服务地方经济社会发展，服务国家大局为最终目的。“党管人才”在市场导向的基础上，尊重市场导向并诊治市场导向引发的“并发症”，系统调整和服务，在构建以服务地方的先导性高校人才培养机制过程中，发挥调控功能。

一是党和政府宏观调控人才培养机制，健全教育政策及教育发展规划，降低市场导向带来的人才培养无计划性，把握人才培养方向。除现有“教育为老工业基地服务行动计划”“紧缺人才培养培训工程”和“高校科技创新服务振兴工程”等超前性短期、中长期发展规划外，制定相关的教育法治体系，消灭高校人才培养的隐患因素，促进人才培养规划有理有序进行，保障人才培养总体目标实现，营造高校人才培养的政策、法律环境。

二是党和政府宏观调控高校的结构调整和专业建设，帮助高校肩负起为经济转型培养相应人才的职能，适应地方经济体制转轨、结构调整、产业升级对人才培养的要求。

三是党和政府完善对高校的服务功能，统一领导，集合各界力量，为高校改革建设提供资金及能源支持。此外，党和政府要发挥舆论导向功能，鼓励广大高校学生掌握实用技术知识，营造地方经济振兴高校人才培养的舆论环境和社会环境。

四是党和政府从宏观角度创新高校人才培养机制。从高等教育发展的长远目光来看，政府应尽力避免新形势下市场导向带来的高校人才培养职能混乱局面，弱化重点院校培养实用型、职业型技术人才的职能，使重点院校专门培养创新拔尖人才，强化专科院校承担培养技能型人才特别是高级技能人才的高等教育使命。

二、基于就业力提升的人才培养模式

目前，对于就业力概念尚未达成共识，国际劳工组织指出，就业力是个体获得和保持工作，在工作中进步以及应对工作生活中出现的变化的能力。英国教育与就业委员会（DFEE）提出，就业力是获得和保持工作的能力，是在劳动力市场内通过充分的就业机会实现潜能就业的自信。国内许多专家、学者对就业力做了研究，认为就业力不仅包括保持和更换工作的能力，而且还包含个体在职业生涯中永续实现自我的能力。综合国内外的观点，就业力即就业竞争力，是个体在就业过程中所表现出来的综合素质和实力，既包括就业所需的知识、技能等硬实力，也包含性格气质，沟通协调、团队协作及就业技巧等软实力，更重要的还包括个体独具的就业核心竞争力、大学生就业力主体对象是高校毕业生，大学生就业力即为高校毕业生就业竞争力，是高校毕业生就业过程中所表现出来的综合素质和实力。

以提升就业力为导向的高校人才培养模式，是从教育教学内容和方式方法两个方面入手，即对课程体系设置和教育教学方式两方面进行改革，通过课程嵌入就业力及教学过程的优化来建设的。

（一）“三位一体”的就业力嵌入式课程体系

学科专业是高校与社会联系的纽带，课程设置则是学科专业的集中反映与体现，也是实现教育教学目标的重要途径，高校要培养适应社会需求的人才，就必须在优化专业结构的基础上进行课程改革，在课程改革中更加注重学生综合能力的培养，构建以市场需求为导向，以有利于大学生就业力提升的综合课程平台体系，即三位一体的就业力嵌入式课程体系。所谓三位一体的就业力嵌入式课程体系是集专业理论、创新实践及就业指导三位为一体的课程体系，在课程中不仅注重专业理论知识的学习和积累，更加重视创新实践环节，重视学生的职业生涯规划和就业知识和技能的培养，并将就业力的提升全程渗透，贯穿始终。

（二）基于就业力提升优化教育教学方式

探索新的教育教学方式方法，应该以企业和社会需求为导向，以培养和提升学生的创新精神和创造能力为主线，围绕人才培养目标，通过学生自主学习、合作学习与探究学习等方式，充分整合校内外各种资源，搭建学生各种创新实践平台，全面提升毕业生就业能力。其主要包括各种专业技能竞赛、形式多样的学术活动、职业资格培训、工作室模式、科技创新团队、顶岗实习以及卓越工程师计划等。

三、校企合作人才培养模式

随着高校毕业生逐年增多，失业人数也就越来越多，给高校、大学生、家长和社会带来了极大的压力。一职难求，零薪资就业已是摆在广大高校毕业生面前的严峻事实，高校人才培养与企业人才需求间的矛盾突出。一方面，每年约有 30% 的学生不能顺利就业，就业在量上遇到了问题。另一方面，大部分学生学非所用，所找的工作与自己所学的专业不对口，现实与理想不统一，就业在质上遇到了问题。而人才需求市场却有大量企业面临用工荒、技工荒。中国人事科学研究院《2016 中国人才报告》上显示，从总体上看，我国劳动力总量较足且有富余。但是，各行各业所需求的专业技术人才缺口非常大。例如，农业技术人才缺 280 万，工业技术人才缺 1220 万，服务业技术人才缺 325 万。[①] 那么，高校人才培养与企业人才需求间的必然统一的对接点应该是：高校培养出来的人才能满足企业的需求。因此，校企合作将实现互惠互利，不仅有利于高校有针对性地培养人才，而且促进高校自身发展，也有利于通过高校的技术指导，推动企业的良性循环和可持续发展。

（一）校企合作人才培养主要模式

按照经济社会发展和用人单位的需求，培养实践性、操作性、应用性强的高技能人才，实现学校和企业之间零距离对接，是高等教育的核心优势。实行灵活多样的学习方式，突破传统大学全日制的学习方式，将全日制与部分时间制结合，并逐步将工学交替、双元制、学徒制、半工半读、远程教育等纳入进来，为学生提供更多方便的、灵活多样的学习

① 中国人事科学研究院. 2016中国人才报告[M]. 北京：科学技术文献出版社, 2017.

途径。特别是具有中国传统教学优势的学徒制，可通过与企业联合招生培养的方法，进一步发扬光大。

1. 校企合作办班模式

学校根据企业对人才的具体需求，专门开设一个或若干个班级，有针对性地制订人才培养方案和教学计划；企业直接为学生提供实习和实训基地，并进行岗位轮训，提升学生的实践操作能力。校企合作班培养出来的人才能被合作企业广泛吸纳，人才输出通道顺畅。同时，直接与企业打交道，有利于高校双师型教师理论教学与实践教学能力的培养，有利于产、学、研相结合。

与企业合作办班，设立大学生实习项目，定向为企业培养人才。企业与高校都要从人力、物力、财力方面给予一定的投入，为合作班的大学生设立一些实习项目。学生进入大学以后，首先需要接受两年的基本教育，第三年学生根据自身需求可以加入合作班。合作班根据企业特点和需求，通过针对性的课程设置和培养工作，将学生培养成为适应企业特点的人才，同时缩短毕业生到企业以后的适应期。

这种模式的优势很明显，一是合作方式较为灵活。二是班级人数较少，便于学校组织教学与实践活动，也便于企业消化人才。因此，这种人才培养模式被许多中高等教育院校和企业共同采用，办班的形式也不断更新，出现了定向录用班、定向委培班、企业订单班及“企业冠名班”等形式。合作办班模式也有局限性，如人才培养面向单一的企业，或多或少会造成学生系统专业理论知识的漏洞；校企双方追求利益的角度不一致也易出现人才培养断层现象，给学校和企业造成一定的师资和设备的浪费。

2. 校企合作办学专业模式

校企间深层次的合作办学模式，主要有如下几种形式。

（1）工学结合

实行工学结合的培养方式。采用“2+1”或“3+1”的人才培养方式，即把工程和学程结合起来的人才培养模式。根据真实生产、服务的技术和流程建设教学课程环境，按照产业实际应用的设备、工艺建设实训基地，根据产业和企业发展的实际问题设定教学和研究课题。高校负责 2 年或 3 年的人才培养任务，教学主要以理论课为主，辅之实验、实训等实践性教育教学环节。学生在这 2 年至 3 年内要完成基本理论课的学习，修满学分，企业负责 1 年的人才培养任务。学生最后一年的学习由学校理论学习阶段过渡到企业实践培训阶段，在这一年内要完成实习实训报告、毕业设计等任务，这就是所谓的“2+1”或“3+1”。这种模式的最大优势是实现了校企之间的衔接。

（2）工学交替模式

它是一种在校学习和在企工作交替进行的人才培养模式，采取分段式教育教学完成人才培养任务。校企之间共同制订某一专业人才培养方案、教学计划和生产实习计划，学生通过企业提供的相应工作岗位，边学习边工作，实现学习和工作两不误、两相帮。工学交替模式最大的优势在于学生能将在校所学的专业技术理论与企业生产活动的需要有机结合起来，培养学生运用专业知识解决实际问题的能力。企业合作方为高校学生提供校外实习实训基地，使高校培养出来的人才规格更加符合企业之需；高校合作方为企业降低员工前期培训的成本，并为企业提供高技能、高素质的熟练工，从而增强企业的市场竞争能力，实现高校和企业的“相互反哺”。但是，这种人才培养模式过程比较烦琐，高校、企业和学生之间的责任容易发生冲突。

3.“订单式”人才培养模式

它是一种学校和企业“签订契约、订购用人”的人才培养方式。合作企业向学校“下单”，订购一定数量的毕业生；学校根据企业的“订单”招收学生；学校和企业双方共同签订用人协议、共同制订人才培养方案、共同利用双方资源，实现校企合作共赢；合作企业参与人才质量评估，并按照协议约定，严格落实学生就业。这种人才培养方式最大的优势在于实现“高校人才输出”与“企业人才引进”的无缝对接，学校培养的“产品”适销对路，实现了招生与就业的统一。但是，这种人才培养方式要求校企双方做到：企业对人才有批量需求、学校能培养企业需要的特殊人才，企业能在未来三五年甚至更长时间相对稳定发展，其培养方式将在“学校教育质量、企业经营风险”和学生就业双向选择上承担风险。

4. 校办企、企办校模式

我国在 20 世纪 50 年代就有了“学校办企业，企业办学校”的人才培养模式，经过几十年的发展变迁，现已演化为教学管理和企业运营合一、高等教育和企业生产合一模式，主要有以下几种。

（1）校中厂、校外厂模式。学校根据自己的实力办自己的企业，校办企业所需要的人才全部由学校提供，学校整合资金、场地、设备、师资、技术、人才等要素实行企业化教学、科研和生产活动，实现教学、生产功能一体化。如清华大学、北京大学等高校在中关村开办的高科技产业公司，就属于校办企业，实现人才招生、培养与使用的一致性。

（2）厂中校、厂外校模式。企业根据自己的经济实力投资创办学校，圈地建设办公楼、教学楼、实验室、学生宿舍和生活设施等，引进师资，开办自己的学校，培养人才。如福建省内的私营学校——软件学院，就属于企业办校。

（3）大学生创业基地和产业孵化园模式。高校根据政府出台的政策，从实际出发合理开办大学生创业基地或产业孵化园。在校学生可以通过自己所学知识和市场需求出发，制订创业计划，充分利用各种有利因素，积极开展创业活动。高校通过组建专家评估鉴定小组，遴选优秀的企业计划方案，支持大学生创业实践，并为其提供政策、技术等方面的咨询和指导。高校还可以聘请一些创业成功的校友来学校做专题讲座，让在校创业的学生做好各方面准备，降低风险，实现更高层次的就业、创业，这是一种创新型人才的培养模式。

5. 建立实习基地模式

建立校企合作伙伴关系。建立校企合作规划和合作培养机制，探索学校和企业互建实训基地，尝试引校进厂、引厂进校、前店后校等校企一体化的合作形式，使学生在企业一线、经验丰富的技术人员指导下，参与生产或技术项目，培养学生的实践能力。同时，在真实的生产环境中，培养学生软技能和认真负责的工作态度，实现学校人才培养融入企业生产服务流程和价值创造过程。

加强与企业合作。学校积极与企业签订协议，建立“大学生实习基地”，让企业参与到学生实践经验的培训中来，通过寒暑假把学生送到企业去实习，让学生熟悉企业的运作过程，增加学生的工作经验。组织教师到企业参加相关项目合作，帮助教师了解企业的管理、企业的生产情况和需要的工艺技术。直接从企业引进专家任教，做本科生或硕士生的导师，做好教师和企业高级人员的双向兼职、双向流动工作。

6. 现代学徒制人才培养模式

高等教育人才培养机制改革，要注重实践课程和实习环节。课程设置上，以培养学生运用理论知识解决实际问题能力为目标，大幅度提高实践性课程和案例课程的比重。在四年制的培养方案中，可设置至少两个“实习学期”作为所有学生的必修课程。现代学徒制人才培养模式突破了原有的思想观念，强调高等教育和职业培训不再应该是职前和职后两种类别，而应该是融合在一起并同时进行的一种创新模式。

企业人才需求绝对匮乏与高校人才培养相对过剩，是一对现实的矛盾。要解决这个矛盾，校企合作培养人才，是必然要求。为了进一步提高人才培养成效，实现学校与企业的双赢，校企合作人才培养模式要实现“六个合一”，即学生与学徒合一、教师与师傅合一、教室与车间合一、作品与产品合一、理论与实践合一、育人与创收合一，使高校和企业之间真正实现技术、设备、场地、资源、信息和人才的无缝对接。

（二）校企合作人才培养过程中需要解决的问题

校企合作共同培养和使用人才，是解决目前高校人才培养“相对过剩”和企业人才需求“绝对匮乏”之间矛盾的必由之路。高校通过与企业的合作，充分利用企业资源，完成培养目标，实现人才培养适销对路；而企业通过与高校开展合作，获取自己所需要的人才，更好地实现企业既定的发展目标。为了实现校企合作人才培养的良性发展，必须解决合作过程中一些亟待解决的问题。

1. 合作的层次问题

目前，许多高校与企业之间有合作培养与使用人才的愿望与热情，但缺乏深入的合作，往往停留在“文本合作”的初级阶段，合作推动工作存在着许多困难，导致合作停滞不前、流于形式和表面化。其实，高校与企业应根据自身的具体情况，开展不同层次的合作：既可以开展企业为高校提供大学生实习实训、社会实践基地的浅层次合作；又可以开展学校为企业提供咨询、培训等服务，企业向学校投入产学研资金的中层次合作；还可以开展校企相互渗透、利益共享、教学—科研—生产三位一体的深层次合作。

2. 合作双方的地位问题

当前，在校企合作过程中，往往容易出现学校一头热的现象，而企业缺乏积极性，处在观望状态。校企合作双方地位模糊，容易导致权责不一致。学校是理论教学基地，企业是实践培训场所，学校和企业是合作的两个基本要素，两者既有宏观上的分工又有微观上的融合，其有机结合是实现既定目标的有效途径和有力保障，是培养理论和实践紧密结合的复合型人才的一种教育模式，主要强调的是两个主体在培养技能型和实用型人才的共同责任和共同作用。合作的双方是平等的，但双方的地位可依合作模式不同而有主次之别。

3. 合作双方的付出与回报问题

企业与学校共同培养技能型人才是一件好事。学校与企业都应充分意识到校企合作办学的必要性，但都或多或少地顾虑付出与回报不对称的问题。有的企业认为，这种合作费时、费力、费钱，“造船不如买船”，不如直接通过招聘获得所需人才省事；有的企业认为，合作周期长，无法满足企业当前的人才短缺问题，“远水解不了近渴”；有的企业担心合作成果最终不能为企业所用，担心留不住合作培养的人才。高校则担心合作培养的人才不能大部分被企业吸纳，担心新型的培养模式造成大学生就业难问题；部分教师认为合作模式必然或多或少要调整自己的学科专业结构，要花费很多时间重新学习新知识，他们担心原有的传统学科专业结构被荒废而新形成的学科专业结构又用不上，将得不偿失。所以，选择了合作，校企之间就必须真诚相待，勇于担当，共同付出、共担风险、同享收益。

4. 合作的长效机制问题

第一，校企合作人才培养模式能否实现良性、可持续发展，关键在于合作机制是否具有长效性。近几年来，校企合作在机制上存在着瓶颈，很难深入推进。目前，校企合作普遍处在自发、浅层、松散的合作状态，实际上是一种“有合无作”的格局。问题主要出现在：学校有热情，却能力不足；企业有需求，却主动不足；政府有认识，却政策不足。为此，高校应主动深入企业宣传学校、了解企业，以企业需求为中心，主动调整人才培养方案、课程设置和教学计划，为校企合作奠定办学的软件基础。企业也应主动深入高校，宣传企业需求的人才规格，共同研究制订人才培养方案，了解高校人才培养的全过程，了解办学过程中出现的困难和问题，认真考证校企合作双赢问题，加强互信，主动帮助学校解决办学中的困难和问题，加大对高校的帮助。学生进行自我评价、确立职业目标，可以通过第一课堂与第二课堂的有效结合，制订相应措施来实施计划，要考虑从入学到毕业这个过程中该如何塑造学生的特性，培养可能从事职业的相关素质，从而加强其适应社会的能力。例如入学第一学年，学校可以通过入学教育、成功校友的讲座、“大学生职业生涯规划”培训等，帮助学生了解专业性质、专业能力要求、专业学习的价值和专业前景等，广泛了解各种职业，启发学生对未来职业的规划。第二学年，可以就某一职业进行寒、暑假实习，组织学生参加一些与专业相关的科研训练、科技类比赛、竞赛。第三学年，引导学生根据自己实习的心得，确定职业方向，通过开展职业测评、组织职业咨询、开设课程和社会实践等方式，帮助学生认识自我、认识职业，提升能力并进行初步的职业生涯规划。第四学年，引导学生增加与职业方向相关的知识积累，培育学生的职业道德素养和社交等方面的能力，为步入社会打下坚实的基础。

第二，提供更多的学习资源，制定灵活的考核方式，以满足不同类型学生发展的需求。学校要相应提供更多的学习资源，增加选修课程的数量，以满足不同类型学生发展的需求。在课程设置方面，可以考虑多种内容和形式，甚至是一次暑期实习或社会实践，都可以作为一门选修课程。在考核方式上，也要可根据课程特点采用不同的方式，即便是同一门课程，不同的学生也可采取不同的考核方式。例如，一般的学生可以采用常规考核方式；对于求知欲强、喜欢钻研的学生可以给其列出几个问题，让他去查阅资料，写出一份分析报告；对于动手能力强的学生，还可以给其提供实验条件，针对某一问题进行实验研究，提交一份实验结果作为考核；等等。

第三，完善校企合作机制。因人才需求与高校人才培养目标脱节，部分院校在发展过程中遇到三个主要问题。一是“先天不足”，即应用型人才培养的起步晚、基础差、经费保障能力不强。二是“后天失调”，即双师型队伍不足。三是“发展趋同”，即众多高校贪大求全，在人才培养的具体策略上没有特色。学校要厘清思路，结合实际，创新人才培养模式，为行业、企业培养急需人才，积极为地方经济社会发展服务。加强校企合作，共同制定战略联盟，形成产学研共享、共建的柔性机制。在企业健全高校学科专业、实践基地、特色课程、教学场所等无缝对接模式。要从经费、用人、基础建设等政策上加以倾斜，切实为高校排忧解难，解决问题、打造环境，支持高校走好产教融合、校企合作、转型发展的新路子。推行“引进来、走出去”战略，让新进教职工深入企业一线锻炼，鼓励理论教师“走出去”。不断学习、深造，形成师资队伍建设的长效机制与地方政府、企事业单位、社会团体进行沟通，积极调查本地区人才需求。

第三章　高等教育专业课程建设改革

课程建设始终是教育工作的核心，教育活动中的一切改革最终都将影响或归结到课程改革。课程是人才培养的核心，也是人才培养模式创新的重心所在。高等教育要适应经济发展、产业升级和技术进步需要，积极与行业企业合作开发课程，根据技术领域和职业岗位的任职要求，参照相关的职业资格标准，改革课程体系和教学内容。建立突出职业能力培养的课程标准，规范课程教学的基本要求，提高课程教学质量。教学内容要先进，要及时反映本学科领域的最新科技成果。大力推动精品专业、精品课程和教材建设。

第一节　课程建设和改革的含义

课程建设与改革是一项系统工程，涉及面广，在课程建设与改革中推动特色与专业的深度融合，是高等教育专业谋求非对称性竞争优势的重要措施，是高等教育专业有别于重点高校的显著分界点所在。它的基本出发点就是借助本校优势学科资源打造自身特色，并立足于特色将自身做大做强。课程建设与改革，需要构建解决行业为核心的教学内容体系，实现以特色为主线的教学条件的转变，完善体现行业经营管理规律的教学过程与考核体系，塑造具有特色知识背景的教师队伍，设计特色的实践教学环节，通过教学内容、教学条件、师资队伍等的建设与改革，将特色全面渗透到专业课程建设与改革的各个方面，以培育特色鲜明的复合型经管应用人才。

一、课程建设与改革的具体内容

课程是存在于人类教育活动中的普遍现象，是人才培养工作的总设计方案。课程是指学校为实现培养目标而选择的教育内容及其进程的总和，它包括学校老师所教授的各门学科和有目的、有计划的教育活动。课程是一种培养人的总体设计方案；课程是一个系统，主要包括课程观、课程发展、课程研究和课程工程系统；课程是一种手段，是教育活动中实现教育目的、培养目标的重要手段或主要途径；课程是一个动态的活动过程，它会随着经济改革、技术进步和社会发展等外部因素和学生个性发展、学校竞争等内部因素的变化而变化。与其他类型教育的课程相比，地方高等教育课程有自身的特点。从课程目标来看，培养的人才有具体行业、专业的职业方向要求，目标要有针对性。培养规格要有具体的职业岗位或岗位群的要求。从课程内容来看，要重点给学生讲解就业必需的技能、知识与态度。熟练的操作技能或现场解决技术问题的能力是主要的课程内容。从教材来看，课程选用的教材更应该具备企业深度参与、工学结合紧密的特征。从教师看，教师应当具备较强的双师素质。从评价体系来看，应当更多体现企业等第三方的意见和建议。

课程改革涉及的内容包括建设与改革总体指导思想、总体目标、教学内容、教学方法与手段、教学队伍建设、教学基本条件与教学管理、评价体系等方面。课程改革是一项系统工程，涉及内容广，影响因素多，实施难度大，需要事先做好详细调研和周密部署，才有可能获得预期效果。因此，需要有统一的指导思想。高等教育在课程建设与改革中要实现特色与专业的深度融合，具体内容包括以下方面。

（一）优化教学内容

要以教学内容和课程体系改革为核心，推动课程建设与改革向纵深发展，为培养具有特色的复合型经管人才奠定基础，必须构建以解决行业内企业经营管理问题为核心的教学内容体系，不断优化教学内容；增加学科专业基础课程；设置反映特定行业特色的经济管理类课程；教学内容紧跟行业经营管理最前沿与发展动态，实现教学内容体系的不断更新，如请行业内企业管理层到校做学术讲座，介绍行业经营管理经验与发展前沿，及时将企业经营管理最新发展动态充实到教学内容中，加深学生对行业特色的把握，实现教学内容与行业发展的同步前进。

（二）充实教学条件

为培养具有特色的复合型人才，必须从教材、人才培养方案以及教学大纲等方面，充实专业建设条件；积极联合其他同类型高校教师，组织共同编写具有工科特色的专业教材；根据行业特色及其用人规律，在知识、技能、能力、素质等方面，对人才培养方案进行设计，设置明确具体又具有操作性的课程体系与教学进度安排；从彰显特色的要求出发，结合实际需要和行业特色，编写相应理论课程以及实习、实验、实训等实践性教学大纲或实习指导书等。

（三）促进教学过程和考核的科学化

教学过程与教学考核是教学组织实施及其效果检验的关键。在广泛调研行业经营管理现状的基础上，找出当前行业内企业经营管理的基本规律，并依据这些经营管理规律，对教师选聘、备课、课堂讲授、课堂讨论、实习教学乃至毕业论文指导与学业成绩考核评定等教学过程和考核体系的诸多环节进行设计，完善充分体现行业特色和企业经营管理规律的教学过程与考核体系，促进教学过程与考核的科学化；在充分调研的基础上，凝练行业经营管理的主要问题，并以回答企业经营管理问题作为教学设计的导向，有的放矢，围绕问题进行教学安排，设计教学过程与环节；将行业内企业管理经验作为主要教学案件；建立以解决行业经营管理问题为中心的能力考核体系。

（四）提升教师素质

教师是教学工作的主导力量，优良的教师队伍，是提高教学质量的人才保障。通过“引培结合”，推动师资队伍朝着专业化、特色化方向发展；引进既具有行业从业经验，又有经济管理专业知识的高素质师资，优化师资结构。

（五）深化实践教学

实践性教学环节是课程建设的重中之重。一方面，加强与企业合作共建实习基地的传统教学机制。另一方面，将着力建设模拟行业经营管理场景的实验室，增强经管实践性教学环节的特色。

二、课程建设和改革在人才培养体系中的作用与意义

（一）人才培养的基础是课程建设

教学以课程为起点，课程居于教学的核心，是教学活动中内容和过程的统一课程，是把教育思想、观念、宗旨等转变为具体教育实践的中介，没有这个中介，一切教育目的、思想、观念、宗旨等都不可能得到实现。因此，要实现创新教育目标，优化课程体系应是首先要做的。许多教育教学研究成果表明，创新人才的培养使命最终要靠创新课程体系来完成，创新课程体系是实现创新人才培养的重要途径。创新课程体系不能单靠某种因素构成，而要包括课程的新观念、新内容、新机制和新方法等。华中科技大学承担的新世纪高等教育教学改革工程项目组通过对国内外高校的人才培养进行调研、分析，得出结论：课程体系是开展创新教育的保证，工程实践是创新的基础，开展各项创新活动是培养创新人才的有力举措。

（二）课程建设可以有效促进专业发展

科学、合理的课程体系可以有效促进专业建设与发展。以郑州大学国家精品课程“材料科学基础”为例，通过课程改革，综合了金属材料、高分子材料、无机非金属材料、材料加工等专业基础知识，构筑材料科学与工程学院新的基础平台课程体系。改革实践教学环节，增设八类“材料科学与工程基础实验”，实现了材料科学与工程大类专业人才培养新模式。突出“宽口径、厚基础、高素质、强能力”的创新教育理念，促进了专业建设与发展，使材料科学与工程大专业逐步成为郑州大学的特色专业。

第二节　高等教育课程建设和改革思路

近几年，教育部、财政部批准了很多示范基地、示范中心、示范专业，为了做好示范，高等教育在课程设置、课程实施和考试考核等阶段，进行了大胆的改革，建立了开放的课程模式，在课程实施过程中最大限度地传递职业活动的经验，注重学生能力培养，取得了良好的教学效果。

一、课程设置和改革的总体原则

高等教育课程建设和改革，必须坚持的总体原则如下。

（一）坚持自上而下与自下而上相结合的原则

既要通过专家团队做好顶层设计，又要充分挖掘基层教师的优秀经验。这样可以保障课改工作既有高度，又具备可操作性。

（二）尊重教育教学规律与人才培养规律的原则

课改的目的是提高人才培养质量，改革必须尊重规律。应当深入学习教育教学理论，借鉴国内外先进经验，进行课程建设与改革工作。

（三）校企合作、共同参与的原则

引进企业培训课程开发模式，及时了解企业需求，建立学校与行业企业联动的课程改革机制。

（四）总结与创新相结合的原则

总结现在已经取得的经验，既要充分利用原有成果，分析其可移植、可迁移性，积极推广应用，又要积极探索新的课程建设模式，大力推动工学结合，突出实践能力培养，改革人才培养模式。

二、课程建设与改革的总体框架

在课程教学中，如何塑造与培养人才，正是教育思想的总体反映。课程建设与改革的根本任务，在于提高教学质量。课程质量不但与教师的学术水平、教学水平有关，还与教学条件、课程的教学内容、教学方法有关，抓住了课程的建设与地方学校人才培养机制改革与实践。

改革这个环节，就能带动教材建设、实验室建设以及教学内容与教学方法的改革，从而也就带动了师资队伍的建设。因此，加强课程的建设与改革，是端正教育思想的需要，也是师资队伍建设的重要一环。正因为此，几年来高等教育抓住课程的建设与改革是学校工作的根本，积累了初步的经验。

以经济管理类专业为例，课程建设与改革要始终要求立足于特定行业，依托工科行业这块儿“自留地”来推动专业发展，培育具有解决特定行业内企业经营管理问题的实际应用能力的专业人才。也就是说，要将工科特色作为经济管理类专业课程建设与改革的主导方向，在课程建设与改革中强调工科特色与经济管理类专业的深度融合课程建设与改革是一项综合性的整体建设，课程建设的各项内容既相互推动又相互制约。

在课程建设与改革中实现工科特色与经济管理类专业的深度融合，其总体思路为：优化教学内容，要构建以解决行业内企业经营管理问题为核心的教学内容体系；充实教学条件，要实现以工科特色为主线的教学条件的转变；促进教学过程与考核的科学化，要完善能充分体现行业内企业经营管理规律的教学过程与考核体系；提升教师素质，要塑造具有工科知识背景的经管教师队伍；强化实践教学，要设计工科特色的经管实践教学环节。这五个方面内容共同构成了工科特色的经济管理类专业课程建设与课程改革的主要框架。课程建设与改革，是教学内容、教学条件、教学过程与考核、师资建设、实践教学的统一体。

三、课程建设和改革的总体要求

（一）开发运行机制，实现“压力—动力—活力”的反应历程

课程的建设与改革是一项艰难的工作，是一种前所未有的新的实践。如何调动教师的积极性与主动性，就成为问题的关键所在。通过一般的号召，或是靠对教师责任感、使命感、光荣感的启发与教育，是难以取得明显成效的。必须要有一定的外部压力，以激发内在的动力，促进事业的发展和个人情感的焕发。不管是一所学校或是一个系、一个教研组，最直接承受外界压力的，往往是领导和学生。比如，在今后的人才竞争中，校长和系主任们将直接面对社会的人才质量挑战，学生将直接面对用人单位的就业选择。由于人才培养质量是各门课程、各个教学环节乃至学校工作各个方面综合效应的体现，因此，相对地说，教师所承受的竞争压力，就不那么直接和明显，从这个意义上讲，课程的建设与改革，不单纯是一个学术水平的问题，更主要的在于如何开发与建立一种有效的运行机制，使外界压力得以传递到各个细胞，即每个教师身上，以形成整个机体的协同运转。

几年来的改革实践表明，引入竞争机制，正是这种压力传递的良好媒介。过去，教研室的状况是，每年近几百上千的学生必修这门课程，现有的师资力量并不宽裕，谁也用不着担心自己的“饭碗”问题。一个教师教两个小班，教好教坏、学好学坏，是比较模糊的。为了改变这种状况，必须由院系领导与教研组主任带头跨出教学工作聘任制的改革步伐，

引入竞争机制，打破教学上的“平均主义”，采取并班、合班上大课的形式，由院系聘任教学水平较高、教学效果好的优秀教师上教学第一线，体现竞争；对未受聘教师，则聘任担当实验室建设等其他教学工作；同时，通过教育思想学习、讨论，结合课程现状进行剖析，明确课程整体的建设与改革方案，组织教材建设、实验室建设、习题集编写、教学电视片拍摄等队伍，进行课程建设与改革。

在整个改革过程中，始终贯穿着竞争机制。由最初的聘任制开始，逐步发展为教师挂牌上课、学生自主选择，并把聘任制与考核制、奖惩制进行结合。通过聘任制、考核、奖惩相结合的办法，使校领导、院系主任们所承受的压力自上而下地传递到各个教师；通过挂牌上课，则把学生所承受的压力自下而上地传递给教师，完善“压力—动力—活力”的压力传递机制，始于压力而终于活力，使课程的建设与改革得到顺利开展。

（二）要建立一个体现平等竞争与民主管理的机构

为了确定课程建设与改革的重点，学校安排教师到企业、设计院进行广泛的调查研究发现：在处理操作实际问题中，通常表现出经验越丰富、理论思维能力越衰退的现象，因而在实践中碰到一些问题，就只能全凭经验处理，导致这一情况的原因虽说是多方面的，但却反映了学校教学的一个严重缺陷：理论脱离实际，不注重培养学生的理论思维能力，用“满堂灌”的教学方法，满足于学生习题做得出、考试考得出。学校教学是以“算得出”为标准，凡是不能计算的，教学中都不讲授；学校中学的，都是算得出的，而工作中碰到的难题，都是算不出的。这不能不是学校教学的失败。在调查了解到课程意见后，必须由教研室以更新教学内容、编写新教材作为课程建设与改革的突破口，教研主任组织全体教师对教材的每个章节进行逐一解剖：这一章节要给学生什么知识，培养学生哪方面的能力，如果是传授知识，该怎样讲授？如果是培养能力，又该怎么培养？要使学生建立什么观点，掌握什么方法？然后重新编写。教学内容的更新，同时也促进习题、实验、课程设计等各教学环节的改变与充实，提高师资队伍水平。

为了加强对课程建设的领导和管理，妥善合理地分配院部统筹的课程建设基金，由院部教学经验丰富、课程改革与建设热心、能秉公办事的教师及教务处、设备处长等人员组成“课程建设委员会”，作为民主用权与民主评议的机构，作为院长的参谋，委员会没有专职编制和常设办事机构，委员会的任务在于进行课程建设的调查研究，并把院部下达的课程建设基金，根据学校整体的建设与改革计划纲要，有计划、有选择地重点资助若干课程，为重点课程建设提供物质条件，使之能在较短时间内达到预期的目标，尽快发挥课程建设与改革的效益，提高教学质量。

（三）要形成一系列有利于巩固课程建设成果的课程质量评估制度

课程的建设与改革是一项长期的任务，即使在建设与改革中取得了显著成效，也只能反映学校现阶段的先进水平，反映课程建设的阶段成果。随着教育改革的不断深化，对课程建设的要求也将发生新的变化。因此，课程建设与改革工作，必须长期不懈、持之以恒进行下去。为了推进课程建设与改革的持续发展，必须建立一系列有利于巩固课程建设成果的课程质量评估制度，明确进一步建设与改革的方向。

1. 制定课程建设与改革的标准，作为课程建设的目标

组织全体教师与干部学习现代教育思想的同时，讨论并明确符合现代教育思想要求的课程建设的六条标准。

（1）有满足当代需要、体现少而精为原则的自编或选用教材。

（2）有经过精简更新、具有特色的教学内容。

（3）有着重能力培养的教学方法。

（4）有教学水平较高、教学效果较好的优秀教师。

（5）有完整的教学文件。

（6）有比较先进、满足教学要求的实验设施。

这六条标准不仅是评选院部优秀课程的标准，而且也适合于起点不同、水平不同的各类课程在建设与改革过程中各阶段的奋斗目标和自检尺度。

2. 开展对院系的本科生教育工作状态的评估

确定每年开展一次对学校本科生教育工作状态的评估。对课程建设的状态评估，指的是在相同的时空条件下，考查各系在课程的建设与改革方面所开展的工作与采取的措施。期望通过几次的状态评估，为目标评估，即课程的建设与改革所取得的效益，创造必要的条件，积累开展课程评估的经验。

3. 开展教学效果的民意测评

课程建设的根本在于提高教学质量，课程教学又是直接面对学生进行的，因此，倾听学生对课程教学效果的反映，是检验课程质量的一个重要方面。

坚持每学期开展一次对所有课程的教学情况的民意测评。民意测评由教务处委托学生会组织进行，测评结果通过微机汇总后汇集教师所在系，对其中的优秀者，学校颁发教学优良奖。

民意测评内容包括四方面。

（1）教学内容。对基本概念、基本原理讲解正确；内容少而精，能理论联系实际，适当介绍与课程有关的最新科研成果，内容有特色。

（2）教学方法。讲课条理清楚，概念准确，能启发诱导，深入浅出，重点突出，因材施教，利用适当的手段提高教学质量。

（3）教学效果。通过本课程学习，感到比较有收获，思路得到开阔，在运用所学知识去分析解决问题方面得到训练。

（4）教学态度。为人师表，教书育人，结合课堂教学，引导学生全面发展，在传授知识和进行能力培养过程中注意思想教育。教学负责，做好课外答疑，认真批改作业，培养学生严谨的治学态度和勤奋求学的学风。

4. 开展课程质量评估

本着“客观、准确、可比、简易”的原则和宜粗不宜细的精神，根据工作状态评估所积累的材料和数据，由评估委员会设计定性和定量相结合的课程质量评估指标。

（1）课程的建设与改革。着重考查能否从分析课程现状着手，立足面向企业为主的办学思想，致力于培养学生能力，深入贯彻少而精原则，开展课程的建设与改革。A 级课程的标准：应有周密的课程建设与改革计划，措施落实，取得一定成效，在校内外产生一定影响，并获院内外教学研究或教改实践成果奖等。

（2）教学内容与教材建设。着重考查课程内容是否有助于培养学生能力，少而精、有完整的教学文件和配套的教学材料。A 级课程的标准：应有自编教材、公开出版、有一定特色并在校内外有较好影响，如获国家或部委优秀教材奖、发行量较大、同行评价较高等，教学文件、教学材料配套完整。

（3）教师水平与教学效果。着重考查教师的教学水平、教学方法及其教学效果是否符合现代教育的要求。A级课程的标准：应有占该课程教师总数的70%以上的教师达到优良水平，即根据近两年学生对教师教学效果的测评得分，与系主任对教师教学效果的评议得分的综合。整个课程质量评估，采用自评与院评估委员会的评议相结合的方法。通过评估树立典型，扩大在课程建设中取得成效的影响，调动广大教师参加课程建设的积极性，为今后课程建设的总体规划提供可靠依据。

第三节　人才培养对专业建设的要求

大学是以学科专业为基础建构起来的学术组织，学科水平是高校办学水平和综合实力的最主要体现。研究专业建设方法和人才培养模式、培养满足经济社会所需要的高技能人才，是摆在高等教育面前的重要任务。

一、专业建设的含义

“学科专业”常常被作为一个专有词使用，而在使用中被赋予的内涵却不尽一致。因此，有学者认为它是一个含糊的说法。这个说法的确可以产生歧义。例如，我们说“优先发展新兴学科专业”“改造传统学科专业”等，说的是以这些学科为基础的专业；“学科专业”这一提法又可以解释为专业是学科下的一级建制，即把专业视为学科的分支，视为某一级学科下的次级学科。“专业以学科为基础”和“专业是学科下的一级建制”，差别极大，而后者则是值得商议的。

专业不是某一级学科，而是处在学科体系与社会职业需求的交叉点上。《辞海》将专业定义为“高等学校或中等专业学校根据社会专业分工需要所分成的学业门类”[1]，并指出“各专业都有独立的教学计划，以体现本专业的培养目标和规格”。其他一些辞书关于专业的定义，与此大同小异。有不少学者也从不同的角度给专业下过定义。从大学的角度来看，专业是为学科承担人才培养的职能而设置的；从社会的角度来看，专业是为满足从事某类或某种社会职业必须接受的训练需要而设置的。本书对专业界定如下：专业处在学科体系与社会职业需求的交叉点上。正是这种“交叉点”的特性决定了专业的基本特征。

第一，专业的教学计划，是三类课程的组合，即思想道德、科学与人文知识课程，学科基础知识课程，专业性（专门化、职业化）知识和技能训练课程的组合。第一类课程是对学生进行全面素质教育所必需的基础（大体相当于西方一些大学中的所谓的通识教育课程），第二类和第三类课程是为这个专业培养“高级专门人才”的目标所决定的。无论专业培养方案如何改革，无论这个课程组合中各类课程的分量如何此消彼长，也无论各个学校的同类专业有多少各自的特点，这种“三类课程组合模式”至今也未被突破。这种课程设置所体现的原则，就是“以育人为目标，以学科为依托，以社会需求为导向”。

第二，以一门学科为基础可以设置若干个专业，这些专业因学科基础知识课程大体相同而被称为“相近专业”；一个专业可能涉及不止一门而是若干门学科，这些学科甚至可能属于不同的学科门类，因此这类专业往往被称为“跨学科专业”或培养“复合型”人才的专业。这里恰好反映出设置专业与划分学科依循的原则是不同的。学科的划分，遵循知识体系自身的逻辑，因而形成“树状分支结构”。学科及其分支，是相对稳

① 辞海编辑委员会. 辞海[M]. 上海：上海辞书出版社, 2001.

定的知识体系。即使是在一些学科分化与综合的演变中形成的新的交叉学科、边缘学科和综合性学科，这些学科也都有自己相对稳定的研究领域。专业，是按照社会对不同领域和岗位的专门人才的需要来设置的。不同领域专门人才所从事的实际工作，需要什么样的知识结构作基础，专业就组织相关的学科来满足。专业以学科为依托，但它不是学科“树状分支结构”中的哪一个“分支”。如果说以一门学科为基础设置的若干专业勉强可以视为该学科的“分支”，那么，培养复合型人才的“跨学科专业”无论如何都难以划分为哪一门学科之下的次级学科。这种培养复合型人才的专业，只是不同学科在教学功能上的交叉，而不是学科在自身发展意义上的交叉。换言之，“跨学科专业”并不能视为交叉学科的“分支”。

第三，大学中的专业会随着社会产业结构的调整和人才需求的变化而变化。这种变动表现为新的专业不断产生，老的专业不断被更新或淘汰，有的专业从“冷”变“热”或者相反等。据统计资料[①]，从2008年至2011年，我国普通高校本科专业的布点数从8887个增至13344个。其中，信息类专业点的增长幅度是70.01%，生物科学类专业点增长75.97%；有69%的本科院校开设了计算机科学与技术专业，专业点达415个，是布点最多的专业；人文社会科学类专业，尤其是应用文科类专业发展迅速，在布点最多的10个本科专业中，有6个属于人文社会科学类。普通高校本科专业布点总数中各类专业点数的增减，第一志愿报考各类专业的学生数与这些专业录取数的比率，是反映某些专业冷热变化的“寒暑表”。高等学校和学生在专业选择上的行为，虽然并不能完全准确地反映社会职业需求，但也从大致上“折射”出社会职业需求变化的趋势。专业是变

① 朱红.高校专业调整势在必行[N].中国教育报,2023-7-12.

动的，学科则具有相对稳定性。

二、专业建设与人才培养

专业是学科承担人才培养职能的基地。任何一所大学培养的人才质量，都取决于这所大学的学科水平。专业建设要在学科建设提供的基础上，制定专业培养目标和规格，确定专业设置口径，制订专业教学计划（或称为人才培养计划）等。人才培养建设是专业建设的重要内容之一。

专业是高校培养人才的载体，是高校与社会需求的结合点，高等教育是否适应社会需求，适应程度如何，是要通过高校设置的专业及培养的人才来体现。目前，国内很多高校在专业设置上普遍存在不合理的地方。我国高等教育重视知识灌输，缺乏素质教育和能力培养，很多教材是十几年甚至更长时间之前编写的，授课的方式和课程基本上一成不变。再加上有些高校基本上不研究社会需求，因人设岗，学校有什么条件就办什么专业，看到市场需要什么专业就办什么专业，在新兴、交叉、综合性专业发展上缺乏力度，使紧贴市场、适应社会需求的一批专业没有得到充分发展。长此以往，导致学校培养出来的学生知识面窄，学习能力和适应能力差，普遍缺乏社会实践能力和实际操作能力，无法与单位所需要的实用性强的岗位相适应。因此，对高校专业设置与就业市场的相关性进行研究，具有重要的理论价值和实践意义。

人才培养体系建设首先要把握好学科方向、学科专业的调整与组合；其次要加强课程体系建设，特别是要用现代生物技术、信息技术和工程技术改造传统的课程内容；要鼓励开设新的课程，学生可以选修其他专业的课程。此外，对学生技能和实际工作能力的培养则主要通过实验、实践和参与指导教师的科技研发及技术推广活动来实现。通过这些环节，使学科方向尽可能地适应学科未来发展的需要，使课程内涵尽可能地适应社会经济发展的需要，使培养出的学生尽可能满足社会对高层次人才的需求。通过培养体系建设还可以丰富本科生的教学和实验内容，提高本科生的教学水平，为培养硕士研究生的研究能力提供平台；为博士研究生独立从事本学科创造性科学研究工作和提高创新能力提供保障。国务院学位委员会颁发的《授予博士、硕士学位和培养研究生的学科、专业目录》（2016年更新版）中把学科分成12个学科门类（哲、经、法、教育、文、史、理、工、农、医、军事、管），89个一级学科和393个二级学科。这是以学科的知识体系为主，根据行业的特点对学科进行的归类，一级学科由若干二级学科组成，二级学科由若干学科方向组成。一个学科有多个方向，一所学校由于条件限制不能建设所有的学科方向。学科方向的选择与确立一般遵循两个原则：一是继承，二是发展。从专业目录中可以表明，学科方向的选择与确立是人才培养体系建设的前提。

三、专业设置与就业市场的关系

高校的专业结构设置主要是指各高校具体专业所构成的比例关系和组合方式，其中包括不同种类高校和学科专业的数量、布局以及相互之间的联系等设置。高校专业设置和就业市场的关系是相辅相成、辩证统一的。通过市场特有的调节机制，专业结构系统与外部环境之间持续进行着物质、能量、信息的交流，以此使专业结构系统与外部环境系统的结构都不断趋于合理化。

首先，两者存在统一关系。一方面，高校进行专业设置要根据社会发展、职业变化的需要，依托学科优势培养适合社会发展的高层次专业人才，而对专业进行调整就是根据产业结构调整以及职业变化对人才知识结构、培养模式提出新要求，在操作层面上表现为根据大学生的就业状况来决定专业的取舍和招生规模，使毕业生能够顺利就业。另一方面，由于现代职业分工的不断细化，经济产业结构调整不断优化升级，社会需要具有较强综合素质、宽厚知识背景，又掌握高精尖知识与技能的人才，而达到这一目的就需要大学在加强通识课程教学的同时，还必须不断强化专业教育，通过专业的设置调整来不断提高专业教育的水平。

其次，两者还存在对立关系。对专业设置来说，它既要满足职业岗位对专业知识与技能的要求，同时要满足知识系统传授和科研向纵深发展的要求，两者很难同时兼顾。学生在稳定专业设置情况下学到的知识也是相对固定的。但由于现代科技日新月异的发展，产业结构不断升级，影响大学生就业的不确定性因素大大增加，就业状况呈现不规则波动。因此，专业设置的稳定性、滞后性与市场经济条件下就业的波动性、即时性存在较大的矛盾。

第四节　构建以人才培养目标为中心的课程体系

随着形势的变化，高等教育必须主动完善或重构适合提高应用型人才职业能力的课程体系，形成教学内容主动适应岗位需求变化的动态调整机制，将某些专业分别建成并及时申报省级示范特色专业或省级特色专业，将另一些综合师资力量强的专业建成具有当地行业优势的特色专业。

简而言之，高等教育改革课程体系的宗旨就是能给用人单位提供各类，尤其是急需的应用型人才，须“开发出自身特色，将实验教学、实践教学、生产劳动与社会能力实验等项目结合起来，为毕业生人才成功胜任基层与西部工作需求来奠定坚实的基础与实践技能”[①]。尤其是在与时俱进地变更培养目标后，高等教育还应更新教育教学理念，确保及时调整相关的课程体系。

一、以培养目标为指导重构高等教育课程体系

传统人才培养模式中，教育理念、教学模式、课程设置和管理机制等要素存在诸多缺点，严重制约了创新人才的培养。因此，必须围绕这些关键要素对人才培养模式进行系统变革。所以以创新能力培养为基调，优化人才培养方案。人才培养方案必须以创新能力培养为基调，表现在人才总体培养目标的定位与突破，从单纯知识传授转向兼顾知识应用与创新实践。以创新能力的养成为核心进行教学模式建构。创新能力是创新型人才的最核心素质，进行人才培养模式变革，就要以创新能力的养成为核心建构教学模式。以人才培养目标为指向加强课程体系建设。课程体系是课程设置及其进程的总和，是教学计划的核心，课程体系的该种地位，决定了其在人才培养模式改革中具有的举足轻重的作用。课程体系建设要以综合化、职业化、人文化作为构建方向，并遵循系统优化原则，兼顾社会需求与学术水准，构建立体交叉课程体系。

科学、完善的课程体系建设对培养满足社会需求的高质量人才起着基础性、方向性和决定性的作用，这也是具体落实学校办学指导思想、办

① 杨洋，王辉. 高等教育课程改革与人才培养研究[M]. 长春：吉林文史出版社，2019.

学理念，实现人才培养目标和培养规格的实施路径与关键所在；课程体系改革是教育改革的一个核心问题，也是教育改革中最为复杂的系统工程。课程体系既包括依据人才培养目标设置的课程类型，同时又包括用什么形式来组织这些课程，以及各种课程之间的比例和衔接关系。课程体系建设应本着“夯实基础、注重综合、加强实践、鼓励创新”的原则，体现先进性、开放性、人本化、立体化等时代特征。基于此，高等教育课程体系重构应以培养目标为指导，课程设计应坚持以下几点。

（一）明确市场需求

为社会和经济发展直接提供数量庞大的技术应用型人才，提高教育对经济发展实际需要的适应性，必须准确定位人才培养规格，适时调整培养目标。培养目标对课程设置起着重要的导向作用，它直接影响着课程开发，规定着各种职业人才的素质和能力的规格与标准。从市场经济的方面来看，商品生产的直接动机是社会需求，产品的质与量应满足消费者的使用需求。大学作为高等教育服务产品的生产者，其直接动机和目的也应是消费者的需求。大学的专业设置，课程体系乃至课程内容、课程资源配置都应该得到消费者的需求认可，即专业设置是否适应社会职业及行业的需求，课程体系是否满足就业岗位对人才的素质能力需要，开设课程是否满足学生学习需求。明确市场需求主要从两个方面入手：一是认真研究地方区域经济社会发展对人才的需求和对人才素质的要求，并按照这些要求设计课程和教学内容，这样才能做到人才培养有的放矢；二是认真研究学生就业“出口”的职业性，根据社会相应职业的需要设计课程，实现人才培养与学生“出口”职业最大限度地匹配。

（二）确定人才培养目标

作为市场经济背景下的服务业范畴，高等教育的培养目标将是培养应用型人才和技能型人才，即以职业需求为主要价值取向，根据社会需求，培养面向各种不同职业领域、不同就业岗位层次，学以致用、学有适用、学成受用，毕业生能力素质能适应社会就业岗位需要，实现顺利就业的优秀合格大学毕业生。只有紧扣当地经济发展的基本状况及其发展趋势，深入了解人才市场和职业市场的变化，了解社会和经济发展对技术应用型人才数量、规格等客观要求，才能明确高等教育人才培养目标，设计出符合人才培养要求的课程体系。

（三）形成全方位参与课程决策的机制

课程改革与建设是教学改革的重点、难点和突破口，也是提高教育质量的关键。高等教育课程设置必须由行业或工作部门提出职业要求——包括职业的总体目标和具体的各项技能指标，教育部门在课程决策中的任务只是根据教育科学的原理，把职业目标合理地转化为高等教育培养目标，并在课程设置、设计、开发中得以体现。换句话说，教育部门更多的只是充当一个教育专家的角色，而技术专家的角色应由用人单位或行业来充当。同时，要吸收学生参加课程的决策、设计、编制和实施，使课程开发编制人员的队伍由现在的用人代表、培养人代表（教师等）、管理者代表（行政部门）三结合变为四结合，即加上学生代表。学生代表要参与课程改革的决策过程和设计过程，在各个环节上都要听取学生的意见，如在课程的编制与使用中，发挥学生的主体作用，让学生参与具体的课程内容编制；在课程编制后，对于课程结构与形式的选择，也要听取学生的意见，适应其需求和特点；在课程的计划与教学上，发挥学生的主体作用，使学生具有选修课程的权利。

（四）界定达到培养目标所需要的知识和技能

近十年来，我国高等教育已从精英教育迅速发展为大众化教育，对于高等学校来说，精英教育人才培养模式与大众化教育人才培养模式从课程体系内容及课程形式层面上是有本质区别的，精英教育培养的是社会组织结构中的领军人物，是一种追求卓越、开放成长的教育模式，它十分强调思想与人格素质的养成。而大众化教育特别是非研究型大学的直接目标是培养数以千万计的高素质普通劳动者，应该是中高端应用型人才，普通就业人口中各领域的骨干劳动力，它更强调专业能力、职业素质的培养。

（五）确定获得达到培养目标所需知识和技能相契合的课程

在大众化教育阶段，大学作为高等教育服务产品的生产者，如何提供优质的毕业生和有效的课程成为大学社会角色的核心定位。大学人才培养与课程设计应遵循两个基本原则：一是要学科专业设置、课程体系结构要尽可能满足毕业生就业的“适销对路”，课程内容、课程形式要适应学生的“消费需求”。二是要追求人才培养过程中的超前意识和创新素质，强调人才培养和课程设计过程中的先进理念和学术内涵。实质上这也就是国家和社会对大学所希望的“提高高等教育质量”“培养创新型人才”的本质要求。

二、构建基于就业力的课程体系

高等教育大多采用与重点高校一样的教材和教学模式。我国高校课程体系的构成模块主要由公共基础课、自然科学基础、专业课程、实践教学四大模块组成，各模块构成缺乏层次性和特色。以实践教学为例，清华大学机械工程系的本科生拿到学位证书所需修的学分与浙江大学机械工程及自动化专业的本科生需要修的学分和上海工程技术大学机械工程及自动化的学生需要修的学分没有明显差异。我国高等学校人才培养体系的构成基本相似，相似的人才培养体系培养出来的学生，缺乏个性，体现不出重点，既不能适应社会对人才的多元化需要，也不能满足人才成长多样性的需要，对学生未来的择业是极为不利的。这主要是因为各高校都是依据我国教育部制定的统一的专业培养目标和体系来制定的定位，不同层次学校之间在培养体系上的差异性还没有表现出来。在就业市场上，美国用人单位对毕业生的选择主要依据学校的等级和专业：麻省理工学院的毕业生往往受聘于著名的跨国公司，他们主要从事传统工程领域的产品设计与制造等，大多数毕业生所任职的是企业中一些有决策和影响力的关键岗位。密歇根大学的毕业生受聘于跨国公司，主要从事与工程相去甚远的职业，如法律、艺术等。科罗拉多大学的毕业生则大部分在工程领域从事传统的产品制造、生产、设计等岗位。不同层次的学校毕业生所从事的职业有区别，薪资差别，说明用人单位在选择学生时其实是已经定位了人才需要的规格。而在我国就业市场上，往往不同层次、不同类型的学校培养的学生竞争同一个岗位，在这种情况下，用人单位招聘的依据往往是学校的名气和专业的对口程度。这说明高等教育在人才培养方面与社会需求脱离，其原因之一就是专业课程设置与社会需求不能很好地结合。相关研究表明，“课程结构体系设置作为应用型、创新型、复合型人才培养的关键环节，在整个人才培养方案的制订中，处于十分重要的地位”。[1] 因此，随着经济社会发展对基层人才需求更趋于应用型这种现象的出现，高等教育的人才培养目标、专业结构也不能不逐渐变化，其课程体系自然而然地必须得到相应调整。对在校的全日制学生，高等教育应该增设一些与其专业相似的，而能与基层急需的应用型人才与之必备素质接轨的课程。

（一）就业力嵌入式专业理论课程体系

专业理论知识是培养学生专业关键能力的主干课程，是体现学生专业素养和基本特征的核心，也是实现专业人才培养目标的基础。专业理论课在课程内容设置上，要旨在培养和提升学生在学科专业领域的基础知识和基本技能，培养学生的应用能力及创新能力，提升学生的继续学习能力和专业迁移应用能力，注重促进学科之间的知识整合。在课程结构设置上，要注重处理好专业必修课与专业选修课之间的关系，注意处理好基础课程、主干课程和拓展课程的合理设置与组合、就业力嵌入式的专业理论课程体系即在课程设置中凸显就业的导航性，以社会需求为导向，根据社会经济发展和用人单位需求及时调整理论课程内容和结构，将社会和用人单位对专业人才的基本知识、基本技能及素质要求和变化及时反映到课程中去，保证学生的专业知识和技能与时俱进，进而提高学生和用人单位需求的匹配度。

（二）就业力嵌入式创新实践课程体系

提升大学生就业力客观上要求高校要改变传统的教育教学模式，引导大学生积极参与社会实践活动，培养和提升大学生的创新能力和创新素质。

---

① 杨洋，王辉. 高等教育课程改革与人才培养研究[M]. 长春：吉林文史出版社, 2019.

就业力嵌入式创新实践课程体系就是在夯实专业理论知识的基础上，增加社会实践，强化对学生创新实践能力的培养，提升学生的创新实践能力。在课程内容设置上，不仅要注重专业理论知识的运用，更要注重专业实践技能的培养，突出大学生创新能力和素质的提高；在课程结构设置上，而且要重视知识掌握和综合运用、能力培养以及素质提高类课程的合理安排。

（三）就业指导课程体系

高校就业指导工作的主要任务就是帮助大学生找到准确的自我定位，树立科学的就业价值观，提升就业力，促进大学生的职业成熟，实现科学就业。大学生随着年龄和知识结构的变化，思想从入学到毕业一直处于急剧变化的过程中，因此就业指导课程的设计也需适应学生身心发展的规律，依据大学四年分不同的阶段，有针对性地进行设置，并贯穿学生的整个大学生活。

依据就业力培养的侧重点不同，可将就业指导课程按学年划分为四大部分，分别为：专业认知类课程、职业意识启蒙课程、就业力提升课程、就业力实践课程。专业认知类课程主要是针对大一新生，目的是帮助学生准确了解自我，了解所学专业及专业发展前景，培养学生具备职业生涯规划意识，职业意识启蒙课程主要针对大二学生，指导学生初步了解社会，了解职业，把个人选择与社会职业岗位的需求联系起来，引导学生确定自己的职业意向，挖掘职业潜能，进一步做好职业生涯规划；就业力提升课程主要针对大三学生，侧重培养学生的沟通能力、团队协作能力、动手实践能力、管理能力等，提升学生的综合素质，切实提升就业竞争力；就业力实践课程主要是针对大四毕业生，让毕业生充分了解当前的就业形势与就业政策，学习求职技巧，如何科学选择就业单位和就业岗位，如何签约和签订劳动合同以及入职后的角色转换及问题调适等。

（四）实行适应就业需要的教育教学方法

课堂教学仍旧是最有效的知识传授方式，应该针对现阶段课堂教学在创新型人才培养方面的不足，积极进行教学方式、方法、手段的改革。长期以来，高等学校的课程设置和教学内容存在“滞后”与“保守”的缺陷，课程不能紧跟时代的要求，这也许与“知识传授本身就落后于知识创新”的特点有关，但是绝不能将其称为合理借口，而应该积极主动地了解工作岗位对学生素质的要求，并将其转化在课程中，也就是说，学校的课程设置应充分考虑社会需求，密切联系岗位实际，积极“去伪存真，破旧立新”，不断改进教学方法，采用适合创新人才培养的讲授、讨论、试验、角色扮演、案例研究、启发式、研究性学习、独立学习等，通过实现课程与岗位的结合来培养学生的创新素质。

教育实践证明，科学的教与学的方法，能推动学生创新能力的培养。在课堂教学方法上要有新突破，简要地介绍所讲内容，留出更多的问题让学生阅读、思考和提问，引导他们分析问题和解决问题，既要让他们获取某一学科的知识，又要让他们通过动手动脑来掌握获取知识的方法，成为知识的探索者、创造者。引导学生积极参加课堂讨论，讨论的内容是本门课的重点和难点，并作为考试的主要内容，使学生不得不投入大量的时间和精力去充分准备，目的是培养学生的阅读能力、思辨能力和语言表达能力。

一是要以思想转变为突破口，多方合作，优化教学环境，打造新的教学共同体。在教学共同体中，教师要以一个学习者的身份参与到人才培养的全过程，以学生的成长成才而非自身兴趣和职业生涯发展的实现来考虑学生的学习需求，通过示范、指引来支持学生的学习，并以自身热爱学习的态度、善于学习的能力与学生积极地交流互动，来推动学生完成由“新手”学习者向“专家”学习者身份的转变，同时在与其他成员的互动中捕捉灵感，促进自身教学能力的提高，为学生的成长成才奠定基础。学生要在不断完成自身知识积累的同时，通过与其他主体的积极交流互动充分表达自己的教学诉求，为教师、教学管理人员丰富教学手段、改进教学管理、实现个人发展提供新的视角。教学管理者是教学活动的参与者和人才培养机制优化的促进者，通过深入了解师生的诉求，掌握教学活动的规律，以此实现教学管理制度的科学化和对教学资源的优化配置，营造良好的教学环境。

二是要以教学方法创新为路径，提升教学共同体成员参与建设和分享教学资源的能力。教师要加强教学研究，改进教学方法，综合应用探究式、讨论式、体验式、案例式等多种教学方法，使学生时刻处于高度的兴奋状态，激发学生的学习兴趣，促进学生的参与，实现与学生的有效沟通。学生要通过充分的课前准备来积极主动地参与到教学讨论中，通过积极的课堂互动开阔自己的视野，提升学术资源的分享交流能力。教学管理人员和教学辅助人员要营造教改氛围，改善教学条件，完善评价制度，丰富教学资源。

三是加强创新课程体系运行与评价的监控。创新课程体系运行与评价的监控包括三个环节：一是建立创新课程的研发、准入系统，建立课程研发中心，并建立新课程实施的论证、准入机制。二是对创新课程实行全过程管理，形成党委领导、行政运行、全员参与的课程建设模式，对研发的新课程实行项目管理，确定主持人，以结题形式进行验收，加强创新课程体系建设过程中的评价、反馈、监控。三是构建课程体系和单门课程两个质量测评与监控体系。课程体系的测评与质量监控以骨干课程为基本单位，以课程设置与学生就业“出口”的关联度为基本依据，由学校组织国内外知名专家以专业为单位进行验收。单门课程以课程的核心要素建设指标为依据，以教师组织教学的水平能力为重点，以课程和教师为基本单位进行评估查收。

三、以社会需求为导向重构高等教育课程体系

课程是高等教育资源的基本单位，是高等学校一切办学行为和人财物资源配置的最终载体，是人才培养质量内涵建设水平的标志和落脚点，决定着学校品牌影响力与核心竞争力的形成。解决招生与就业“两张皮”问题的根本出路就是以职业的社会需求为导向，重构高等教育课程体系，化解“计划入口”与“市场出口”之间的矛盾。

课程设置适应社会需求，从课程结构上看，要加强普通教育课程，提高校业教育课程的质量和水平。在普通教育方面，要进一步扩充普通教育的范围，使之涵盖自然科学、社会科学和人文学科三大领域，将思维训练贯穿于全部课程中，但考虑到学时等约束条件的限制，可选出重点课程。专业教育课程着力培养学生分析问题和解决问题的能力；从课程内容来看，高等教育应该根据经济社会发展和科技进步的需要，将新知识、新理论和新技术不断充实到教学内容中，重视跨学科教育，把专业技能分在不同的课程中，重点培养重点掌握。通过这个思路，把高等教

育本科教育课程分为四级:一级课程为重点课程，需熟练掌握。在基础课、专业基础课和专业课的教学进程中，每学期挑出一门作为重点来加强思维的深度与加大思维量训练，系统地训练学生的思维能力。二级课程亦为本专业必需课程，要求较好掌握。此级课程对学生的思维训练也有一定帮助，但其主要目的是针对知识内容及专业技能的需求。三级课程为本专业外围课程，内容仅要求学生一般性掌握，可恰当减少课时。四级课程为选修课，扩大知识面的内容，使毕业生“后劲足”“上手快”。如作为全美一流的工学院，密歇根大学机械系提供大量的工程和非工程领域的选修课，使学生的兴趣得到广泛的拓展，同时又为学生毕业后从事不同领域的工作提供了条件。

此外，学校要相应提供更多的学习资源，增加选修课程的数量，以满足不同类型学生发展的需求。在课程设置方面，可以考虑多种内容和形式，甚至是一次暑期实习或社会实践，都可以作为一门选修课程。在考核方法上可根据课程特点采取不同的方式，即便是同一门课程，不同的学生也可采取不同的考核方式。例如，一般的学生，可以采用常规考核方式；对于求知欲强、喜欢钻研的学生，可以给其列出几个问题，让他去查阅资料，写出一份分析报告；对于动手能力强的学生，还可以给其提供实验条件，针对某一问题进行实验研究，提交一份实验结果作为考核等。

（一）确立区域高校课程体系的架构

社会需求决定了高等教育必须把握时代发展的脉搏。什么样的人才才能就业，怎么样培养人才才能契合社会需要，这是高校调整人才培养目标的风向标。以市场需求为导向，以培养模式为指导的高等教育课程体系一般按照通识课程、专业课程和综合实践课程三个阶段进行，具体包括基本工具课程、基础素质课程、专业核心课程、职业生涯设计课程、实践课程五个核心课程板块。

基本工具课程。外语和网络信息两门课程是提高学生熟练掌握外语能力和利用网络资源自主学习能力的两个基础工具，既是学生进入专业学习的必备条件，也是学生终身使用的重要技能；既是学好后续专业方向课程的基础，也是提升后续发展潜力的有力工具。首先，构建"一年期封闭式外语培训"模式，即本科学生在一年级完成基础外语学习任务，达到教育部《大学英语课程教学要求（试行）》（2004 年）规定的基础阶段要求，使学生在专业课学习阶段适应国际化课程的开设，能够熟练掌握植入课程、双语课程的讲授内容。其次，以网络资源利用为主要目的设计网络工具课程，以培养学生的网络应用技术与中外文文献检索能力为主要内容，使学生能够熟练使用网络检索中外文文献，获取各类学习资源。

基础素质课程。基础素质课程是高校贯彻素质教育的重要途径。基础素质课程的具体设置主要包括思想政治理论课程、公共体育课程等必备课程。首先，以实用和实效为原则、以综合素质拓展为主要内容，设计政治理论课程模块。政治理论课程模块以国家规定的思想政治教育课程为核心，内容涵盖现代大学生素质、国际视野培养与市场经济理论教育等内容，突出实效性；构建包括国家意识形态、当代世界经济文化现状与发展趋势、人类发展与生存环境、家庭与社会、励志与成才，就业市场分析等内容的基础素质教育，突出实用性。其次，按照大学生身体健康和体育素养并重的指导思想设计公共体育课程模块。改变高等教育体育课程建设中存在重技术、轻知识，重身体、轻素质，重课堂、轻课外，过多地涉及运动规范及技巧，忽视了学生体育素养和体育文化教育的倾向。

专业核心课程。专业核心课程是面向学生就业“出口”、以社会职业岗位为目标的课程群。专业核心课程的建设水平是高等教育品牌和竞争力的核心。在不影响掌握基础知识、基础理论、基本技能的前提下，专业核心课程设计应以市场为导向，切实提高学生创新精神和就业能力，同时又要区别于常规的高等教育。专业课程体系的建设一般按照两个层次进行：一级课程体系为全校性的总体的学科专业布局，二级课程体系是系（院）层次的以专业为单位、以教学计划为表现形式的专业课程体系，是学校办学理论和培养目标的实行和落实。对专业课程的设置，由于各专业区别很大，应更多地依靠各专业、各学科的专家进行设计。在专业课程设置中，要高度重视专业核心课程的设置，构建以专业方向、职业能力教育训练为主体的专业课程内容。

职业生涯设计课程。多年来，各高校采用以学科研究为主题的毕业论文，学生综合利用基础知识、基本理论和基本技能完成一篇学术论文，这样的教学模式当然对学生提高科研能力、动手能力等具有促进作用。但是，在高等教育大众化的背景下，高等教育学生将来的职业岗位主要是一线技术、操作人员。因此，要将传统形式的毕业论文与学生就业联系起来，将课程拓展为职业生涯设计课程。职业生涯设计课程应以学生的就业为导向，通过学校指导教师、地方职业导师及辅导员共同指导，使学生依托所学专业知识，发挥学习的主观能动性，主动思考和研究所学专业与就业目标之间的关系，主动调研和研究本专业及学科发展情况、社会人才需求及就业环境要求，寻找差距，有目的地提高实践能力及就业素质，使学生具备经营自我、规划自我的意识，进而树立科学的职业价值观，切实提高就业能力。同时，将毕业创作、毕业设计等形式的综合实践课程与实习紧密结合，充分运用已经掌握的专业知识、技能，发挥创新和创造能力，形成完整的作品。这既是学生向学校提交的由教师检验的综合实践作业，同时也是向社会提交的由用人单位检验的答卷。

实践课程。实践课程与前几个课程模块不是平行关系，而是贯穿于前几个课程模块的课程组织形式。实践课程是树立学生创新意识、培养学生实践和创新能力、提高学生综合素质的重要环节和手段，是学生认识和适应社会的有效途径。在实施中要把能力要素分解到各实践环节中去并循序渐进，以形成良好的综合职业能力，提高高等教育职业技能，使技能考核与社会接轨，获得相关的职业资格证书，这也是得到社会承认、检验实践教学质量的方法之一。在实践课程教学过程中，要使学生充分发挥其自主性和创造性，培养学生不断探索、勇于创新的精神。通过理论与实践、动手与动脑相结合，提高学生理论联系实际的水平，培养学生严谨求实的科研、实践作风，形成初步的技能和创新能力；使学生理解创新的社会价值，承担起促进我国经济发展、科技进步的重担，增强责任感和使命感，在实践中培养学生的求真务实精神，使教育与实践和生产劳动紧密结合，从而造就具有优秀综合素质的高级应用型专门人才。

（二）加强创新课程体系运行与评价的监控

配合课程体系创新，要构建多样化的高等教育课程质量评价体系。一是课程评价主体的多元化。评价主体应尽量来自不同的利益主体，反映更多人的需要，从不同角度进行评价，这不仅有利于课程自身的发展，也有利于高校的专业知识与社会需求保持密切联系。二是课程评价对象的多元化。课程资源建设所确定的基本要素主要包括教师、学生、教学环境条件、课程管理等方面。只有随时对这些课程要素进行客观、全面的评价，才能保证课程质量评价结果的可信度和效率。课程评价标准的多元化。高校课程分为不同的类型，具有专业性、学术性、自主性、开放性等特点。在课程质量评价标准的设计中，必须将这些特性贯穿并体现于评价指标中，对于不同类型的评价对象，采用不同的指标体系。四是课程评价模式的多元化。根据评价目的采用目标评价模式、差距评价模式、应答评价模式等多种评价模式。

课程的实践与理论探索是高等教育教育活动的重要行为，是学校质量与水平、能力与活力的体现。随着人类社会的变迁，学术技术水平和人们生活方式的更新，高等教育课程体系也在不断发展变化。传统的教科书加教师讲授模式已被学生主体理念、素质能力训练、学习资源配置、职业就业导向、消费教育服务等新的课程概念与课程形式所取代，需求选择的变化促使高等教育课程体系需要从根本上进行一次革命性重构。

实践操作技能课程评价建设。课程体系改革要做到理论学习和企业见习与实习培训紧密结合，充分做到理论联系实践，加强企业见习和实习的监督与评价，让学生感受企业文化，获得企业培训时“师徒授受”的隐性知识滋养。在实际操作过程中，考虑到企业的生产实际，在培训时间安排上和培训场地上应力求不拘常规。

四、建立优化人才培养规格的教学制度

课程的实践与理论探索是高等教育活动的重要行为，是学校质量与水

平、能力与活力的体现。随着人类社会的变迁，学术技术水平和人们生活方式的更新，高等教育课程体系也在不断变化，传统的教科书加教师讲授模式已被学生主体理念、素质能力训练、学习资源配置、职业就业导向、消费教育服务等新的课程概念与课程形式所取代，需求选择的变化促使高等教育课程体系需要从根本上进行一次革命性重构。

高等教育的人才培养规格和模式，既不能盲目攀比“211 工程”大学、“985 工程”大学等重点高校，也不能简单效仿其他副省级城市大学、省会城市大学等同类型高校。根据传统的本科教育模式来培养学生，跟北大、清华竞争，从学生入口就竞争不过他们，从学生出口自然也没办法竞争。必须致力于进一步优化公共课、专业基础课、专业课乃至于专业选修课等的课程设置、学时投入，摈弃因人设课，同时进一步强化实践教学环节，学习课本，不唯课本，不唯专业，除了让学生在课堂里接受系统的专业教育，更多地使学生到实践中、到社会上定期接受有针对性的培训和锻炼；进一步深化分段教学模式，积极探索“双元制”教学模式，为地方经济社会发展培养和造就一批又一批出得去、用得上、干得好、受欢迎的高素质应用型人才，努力在人才培养上打破自我封闭，彰显学校的自身特点和价值追求。

技能是练出来的，并不是纯粹地学出来的，这是经验，也是规律。教材上提供的方法技巧或经验理论，若不与实际结合起来，无异于纸上谈兵。因此，课程的教学设置必须突出实际练习教学环节，必须将实际练习与理论传授有机地结合起来，注重对学生实践能力的培养，只有如此，教学才能取得预期的效果。但目前大多数高等教育教学中，理论课时安排多，实践课时安排少，大部分时间用来进行理论教学，甚至很多学校还没有转变观念，认为只要理论教学做得好，学生就能够掌握好推销技能。因此，面对实践教学存在的问题，必须解决和实现实践教学的创新，科学构建课程实践教学体系。

（一）“请进来”制度

高等教育，需要从产学研结合的角度来考虑课程建设问题。由于高等教育以专业为依托培养人才的特点，使得各类高等院校尽管已经在专业结构调整上投入了相当大的精力，但是专业变更的历史传承性，仍使高等教育的专业建设难以适应快速变化的社会发展需求。

业内专家走进课堂教授职业技能课。聘请的业内专家主要承担本专业核心课程中的技能课和实训课，让业内专家在课程实施过程中最大限度地向学生传递职业活动的经验，立足培养学生的职业能力。例如，任课教师以物业管理行业是高风险还是低风险，物业管理应重服务还是重管理，小区车辆丢失由谁赔偿，如何与业主沟通等为课题，组织学生分组讨论，以辩论方式进行课堂教学活动，由教师点评；又如由任课教师设计出物业管理企业模拟招投标和竞标演练程序，将学生分为几个小组，每组事先做好准备，提供招投标方案，经任课教师审阅后，然后进行公开教学活动，让学生进行招投标模拟现场演练，由教师和企业经理组成评委，对学生设计的标书做出评价。上述教学方法，主题鲜明，理论联系实际，学生主动参与，教学互动，获得了良好的教学效果。

业内专家为学生进行专题讲座。为了让学生及时了解物业行业的发展动态和最新成果，邀请物业行业的专家以及其他职业学院的专家教授，为学生进行专题讲座，使学生在校期间就能了解和掌握物业行业发展状况，为其就业后尽快进入工作角色打下基础。

（二）“走出去”制度

要解决专业变更缓慢所带来的不适应性，就需要在课程建设上打破学科的制约，在课程命名和内容选择上，更倾向于现实问题的反映与解决。任课教师要能够将产、学、研结合在一起，时刻关注因社会发展而形成的需求变化，及时更新课程内容，实现以课程建设为依托，建构学生的知识结构与能力结构，使他们的学习更贴近现实。

兼高等教育师带学生到企业进行观摩教学。兼高等教育师结合课程教学内容，带领学生到企业进行实地观摩教学，将课堂教学内容搬到公司现场进行。如职业技能课教师结合建筑智能化系统运行及养护、楼宇二次供水系统、楼宇消防自动报警及灭火系统、特种设备——电梯的结构及安全自救、解困程序等教学内容，带领学生到物业公司进行实地观摩演练和操作学习；园林绿化课程教师带领学生到花木公司，实地进行树木及花草品种的识别等教学活动，观摩教学结束时，兼高等教育师要求学生写出心得体会，回校后组织学生结合学习内容开展课堂讨论交流这种教学形式真实生动。

建立暑期学制。积极与企业签订协议，建立“大学生实习基地”，让企业参与到学生实践经验的培训中来，利用寒暑假把学生送到企业去实习，让学生熟悉企业的运作过程，增加学生的工作经验。为一些求学欲很强、有自己特殊发展要求的学生提供一些科学研究训练、素质拓展教育、专业深化教育、工程实践教育或职业培训教育等。为了根本改变大学生实习难、实践弱化的问题，高等教育要依靠自身的优势和渠道，建立各具特色的校外学生实践、实习基地；发挥和巩固高等学校和行业部门既有的联系，倡导产、学、研结合，鼓励和支持他们通过联合的方式，建立持久的基于企业的大学生实践、实习基地。这些基地的建设要考虑区域性分布和学科的布局，使之能够基本满足学生生产实习和社会实践的需要。

学生毕业顶岗实习。学生毕业顶岗实习，是本专业人才培养方案设计的实践性教学环节的主体内容。第7学期安排学生到区内外各物业管理公司进行毕业顶岗实习，突出社会实践课的地位，这是对单一的校内课程模式进行的一项重大的变化。学生毕业顶岗实习与就业相挂钩，通过安排学生毕业顶岗实习，有效地促进毕业生顺利地走上工作岗位。学生实习结束时要撰写毕业顶岗实习报告，由系部组织教师评定成绩，报教务处登记备案。

（三）产学结合制度

加强实践环节能力培养。试验、实习、设计等实践性教学环节基本上属于已知领域的知识验证和重复，缺乏试验技术、试验设计、试验方法和独立从事试验工作能力的培养和训练，因而很难形成创新试验研究能力。随着招生规模的扩展，实验室的硬件投入和人员配备相对滞后，好多试验人多设备少，不是学生在做试验而是在听试验，实习环节基本上属于参观性质的活动。课程设计和毕业设计，一方面学生层次确实有差异，另一方面教师的精力投入和人员配备存在弊端，设计环节的实际收效不大，在大多数情况下属于一种积木式的技术拼凑，很少有创新。为了提高学生的实际动手能力，要大力加强试验、实习、毕业设计（论文）等实践教学环节。列入教学计划的各实践教学环节累计学分（学时），人文社会科学类专业一般不应少于总学分（学时）的15%，理工农医类专业一般不应少于总学分（学时）的 25%；积极推进试验内容和试验模式改革和创新，培育学生的实践动手能力、分析问题和解决问题能力。

建设校内校外实训基地。校内实训基地建设，要注重综合性和先进性，实训设备的配置要与企业技术水平相适应，以通用、实用为原则，重点解决好数量不足、实习工位短缺等问题，为学生提供足够时间的高质量的实践训练机会，实训基地要模拟与生产、建设、管理、服务第一线尽可能一致的职业环境，在高度仿真的企业环境中进行职业技能训练与职业素质的培养，使学生掌握的知识与技能同市场需求紧密结合，实行实训基地的开放式管理，最大限度地满足学生的实践需求，发挥仪器设备的最大效能，在校外实训基地建设上，学校要实行开放式办学，吸收国内外优质的教育资源，深化产学合作，主动适应就业市场的需求，探索订单式培养、前店后厂、连锁办学等多样化的办学模式，要与周边地区的行业 / 企业形成密切的产学合作关系，建立具有先进性、实用性、配套性、共享性的稳固的校外实训基地，联合开展技术攻关，增强办学活力。

（四）课程评价制度

改革高等教育课程的考核评价方法，应以职业能力标准作为测试学生最终成绩水平的基准。打破以书面考试评价方式、书面考试成绩判定学生学业水平为主的传统评价，增加对学生能力的考评、学习过程的考核和在工作现场的考核比重，课程质量的评价应以就业为导向，能力为本位，要建立以就业为导向的质量观，采用符合能力本位课程性质和特点的课程质量评价标准，从重视学习结果的终结性评价，向学习过程的形成性评价和终结性评价并重转变，注重对学生综合职业能力的考核，尽可能地采用多种评价方法，形成以口头与书面问答、技能测试、课程实践、大作业、毕业实践、实习报告等为主要形式的课程考核评价体系，要将课程质量评价与职业资格证书或技术等级证书挂钩，使课程评价更具有职业指向性和实效性配合课程体系创新，要构建多样化的高等教育课程质量评价体系。一是课程评价主体的多元化。评价主体应尽量来自不同的利益主体，要反映更多人的需要，从不同角度进行评价，这不仅有利于课程自身的发展，也有利于高校的专业知识与社会需求密切联系。二是课程评价对象的多元化。课程资源建设所确定的基本要素主要包括教师、学生、教学环境条件、课程管理等方面。只有随时对这些课程要素进行客观、全面的评价，才能保证课程质量评价结果的信度和效度。三是课程评价标准的多元化。高校课程分为不同的类型，具有专业性、学术性、自主性、开放性等特点。在课程质量评价标准的设计中，必须将这些特性贯穿并体现在评价指标中，对于不同类型的评价对象，采用不同的指标体系。四是课程评价模式的多元化。根据评价目的采用目标评价模式、差距评价模式、CIPP 评价模式、应答评价模式等多种评价模式。

（五）考试制度

学分制不仅是一种教学管理制度，还集中体现了“以学生为中心”给学生以充分学习自由的办学理念。要发挥学分制在人才培养问题上所具有的优点和作用，不仅要解决好课程体系如何科学建构，学分如何积累和互换，课程、学时、学分如何组织等教学管理的技术问题，更应在制度上解决学生在教学过程中的参与问题，充分扩展他们的个人发展空间。耶鲁主张教学中不给学生特定内容，很多考卷的题目也没有唯一的正确答案，其目的就在于能够培养学生独立思考、批判思维、严密分析、从不同视角看问题、不断创新的能力。

考试形式改革的思路：改革过去所有课程期末考试都以试卷为主，以卷面成绩决定课程成绩评价学生是否合格的单一考核形式，职业技能等课程采取灵活多样的考试和考核形式。

1. 职业技能课程考试实行平时成绩 + 卷面成绩 + 项目作业成绩

职业技能课程如物业管理事务等课程，平时成绩占 20%，卷面考试成绩占 40%，项目作业成绩占 40%。这种课程成绩评价形式，突出了实际操作能力在学生职业技能课程成绩评价中的地位。

2. 综合实训课程考核以学生项目作业成绩积分

综合实训课程考核通过填写不同等级的物业服务合同，物业管理应用文写作，物业管理识图，物业管理法规知识竞赛，物业企业费用构成及成本核算，物业英语口语竞赛等不同项目作业完成的情况综合评分。

3. 职业相关能力课程采取灵活多样的考核形式

如园林绿化课程的考核，要求学生在园林花木公司实地认识 28 种花草和 50 种树木，并说出它们的基本特征，就被视为本门课程成绩合格。公关礼仪和演讲与口才课程，采取现场演练的形式进行考核，由任课教师和专家当场评分。

4. 校外实训实习活动按成绩计入学分

物业管理专业实行学分制，为了促使学生高度重视并积极参与校外实训实习活动，本专业实行学牛两次暑期校外顶岗实训和毕业顶岗实习分别以实训实习报告成绩计入学分，以确保学生在校外实训实习活动中得到锻炼。

第五节　围绕人才培养优化专业结构

对于高校学科专业建设存在的上述问题，社会各界的认识是接近共识的，人们最大的困惑不在于发现问题，而是找到如何解决问题的方法，为促进学科专业建设适应经济社会发展，有些学校开展了一些相关的改革与探索，但从全国高校的整体情况来看，这种探索行动并不普遍，而且仅有的探索成效也不大，个别学校试图构建的学校与社会市场或者行业企业的融合协同机制，其结果是形式多于内容，内容还难以落实。出现这种局面的原因是纷繁复杂的，但由于长期以来我国高等教育办学体制造成学校不能脱离政府的“管、养、护”的惯性局面和“等、靠、要”的思维习惯是很重要的深层次原因。

一、加强人才培养的专业弹性

“按专业招生—按专业培养”是我国目前最为普遍的人才培养模式，但其弊端也日益凸显。一方面，在这种培养模式中学生专业选择自由度较小，学生对所学专业满意度不高；另一方面，刚性培养模式对市场变化的灵敏度低，容易出现高校专业设置、人才培养与市场需求间的错位，会造成毕业生的结构性失业。对此，有学者指出学校应该根据市场供需变动趋势及时调整专业结构。但市场变化迅速而专业结构调整具有滞后性，调整专业结构既不能提高学生专业满意度，也不能及时解决结构性失业问题，加强专业弹性是解决这些问题的更优选择。

（一）传统刚性人才培养模式下的规范承诺和情感承诺

在传统的人才培养模式中，学生的专业选择权主要体现在入学前的志愿填报上，而一旦入学，由于高校在转专业方面分配的名额小、门槛高，学生转专业困难重重，专业选择权极小。面对该问题，有学者指出专业选择权是大学生应有的权利，赋予大学生自主选择专业的权利合情、合理、合法。此外，专业选择权将竞争机制引入专业设置，不仅有助于推动高校进行专业设置调整，从而提高教育服务质量，也有助于学生根据兴趣进行学习，从而提升学习质量。众多世界一流大学如哈佛大学、耶鲁大学、普林斯顿大学等，在专业上都有较高的弹性。其专业的设置虽主要是由学校决定，但学生拥有充分的专业选择权：学生入学不注册到系科而由大学统一管理，学习一到两年后再自主选择专业，选定专业后如果兴趣发生变化，也可以比较容易地改变专业。

1960 年，美国社会学家贝克尔最早提出组织承诺的概念，后来随着组织承诺研究的深入，梅耶与艾伦提出组织承诺的三维结构理论，指出组织承诺由继续承诺（员工愿意继续留在所在组织的意愿）、情感承诺（员工对组织或工作的兴趣和感情）和规范承诺（员工对组织的责任感和规范感）构成。国内学者根据国外关于组织承诺的研究，结合大学生专业学习特点，提出专业承诺概念并扩展了专业承诺的维度。除了以上提及的继续承诺、情感承诺和规范承诺外，专业承诺还包括经济承诺（出于对经济因素方面的考虑而选择离开或者留在自己现在的专业）、理想承诺（依据自己所追求的理想来选择专业）等维度。

学生的规范承诺和情感承诺都是专业承诺的重要组成部分，也都对学生的学习投入有显著的影响，但两者不论在内涵、发展水平还是影响力上都存在明显区别。规范承诺反映了学生对专业学习的责任感和规范感。教育在某种意义上是对学生的一种规训，学生经过多年的教育具有了较强的规范意识和责任感。进入大学之后，大学生普遍认为不管是自己选择的还是被调剂的专业，进入专业学习之后都有义务严格遵循学校规章制度和要求，学好自己的专业。通过研究发现，学生的规范承诺较高并在推动学生投入上发挥了重要作用，这是目前高校人才培养中的已有优势，也是保障学生深入专业学习的必要条件。但相对于点燃学生对专业学习的热情和兴趣、发挥学生特长和激发学生潜能而言，提升学生规范感和责任意识并不是目前人才培养的重点。情感承诺正是反映学生对专业的情感和兴趣的指标。同时研究也发现，情感承诺对学习投入的影响力远远低于规范承诺，可见，目前学生的学习投入更大程度受规范意识而非受兴趣的影响。值得注意的是，学生的情感承诺处于较低的水平且并不会随着学习的深入而不断提升。这种现象的出现可能有两种原因：一是情感承诺具有较高的稳定性，在专业确定后就很难受到其他因素的影响；二是情感承诺在专业确定后依然能受到其他因素的影响，但目前的人才培养在教学方式、教学方法等方面存在一定程度上的问题，难以提升学生的学习热情。不论是出于哪一种原因，赋予学生选择自己感兴趣的内容进行学习的权利，并同时改进教师教学方式方法，有助于提升学生的情感承诺。此外，本研究也证实，选择承诺对情感承诺有较大的影响力，加强专业弹性、增强选择承诺是提升学生情感承诺的有效手段。

（二）加强专业弹性，提升选择承诺

专业弹性的上位概念是弹性学习。弹性学习强调教育应不断适应不同学习者的需要、不同学习方式以及不断变化的学习环境，其核心是学习的选择性。

相应地，学生的专业选择权是专业弹性的核心内容。专业选择权是指

大学生自由选择专业的权利，包括入学前的专业选择权和入学后的专业选择权。

在我国，反映专业弹性的“大类招生，分流培养”模式也在部分高校展开，具体表现为按文理大类招生（如北京大学元培学院）、按学院招生（如清华大学人文社会科学学院）和按学科大类招生（如济南大学）。三种方式的共同点在于先按大类招生再进行专业分流，区别在于学生分流时的专业选择自由度不同。尽管不少大学已经展开了人才培养模式改革，但传统的刚性培养模式依旧在大部分高校盛行，已经推行的一些人才培养模式改革也在不同程度地遇到困难、遭受质疑，乃至中断。

研究发现，选择承诺不仅直接影响学生的学习投入，也通过影响情感承诺、规范承诺、继续承诺、经济承诺间接影响学习投入。提升选择承诺是人才培养中最为迫切也是最重要的任务之一。目前，以“大类招生，分流培养”为代表的加强专业弹性的人才培养模式改革在实践中出现了若干问题，例如专业分流导致专业分化加剧和专业分流中的公平性等问题。但以上问题可能在实践中得以解决，不成为阻碍改革的理由。在加强专业弹性的具体实践中，应注意以下问题：第一，在专业分流之前，高校应该通过开展系列讲座、新旧老师交流、心理测评、让学生选修相关专业入门课程等多种形式加深学生对自身和各个专业基本情况的了解，为学生将来选择具体的专业做准备，减少专业分流时候的盲目性。第二，经过一段时间的通识教育之后，学生对自己和专业都有了一定程度的了解。在专业分流的时候，学校应该给予学生更多的专业选择自由，并引导学生基于自身能力、性格、兴趣和专业的匹配程度理性地选择专业。第三，高校应注意专业分流标准的科学性和分流程序的公平性。高校应该综合考虑学生的学业成绩、实践活动表现等多方面因素建立专业分流标准，并且严格参照标准进行笔试、面试，保证程序上的公开透明。第四，学生在专业分流选定专业之后，如果学生兴趣发生变化并满足再次选择专业的要求，学校应该允许学生重新选择专业。第五，在具有较高弹性的人才培养模式下，学生产生个体游荡感，并对大学生活感到迷茫。对此，学校应该加强对学生的学业指导与职业指导。这不仅是人才培养模式改革顺利进行的保障性措施，也是提升学生的经济承诺和继续承诺的有效手段。

二、创新特色专业人才培养体系

各高等教育应该围绕社会需求、结合地方经济建设、社会发展对高素质人才的需求，科学确定专业培养目标、合理构建课程体系、深入改革教学内容、努力强化师资队伍建设、大力加强实践和动手能力培养，办出优势和特色。

（一）明确专业发展定位

高校根据经济社会要求，从课程设置、师资队伍建设和教学环境优化等方面围绕人才培养模式这一主题，深入研究各项技能在知识和能力结构中的作用，总结出不断适应社会发展，富有创新意识和良好职业道德的技能型人才，建设行业特色鲜明的高等教育商务英语人才培养高地。

1. 建设服务地方辐射全国的双师培训基地

通过一系列教育教学改革，分解职业能力和岗位要求，实现课程组织项目化，课程结构模块化，总结适合本校学生的实训模式，建立多元化的评价体系。从一个省开始，逐步向全国推开，对贫困边远地区同类院校进行免费重点扶持，将该专业培训部改造升级为服务地方、辐射全国的双师培训基地。

2. 建设立体化多功能开放式实训中心

利用省级示范创业教育园中的实体和校内外各个实训基地，同时借助与地方各类协会，如企业家协会、计算机协会等行业协会及企业集团的合作，建立起立体化多功能开放式实训中心。除满足本地科教园区的实训要求外，其他院校的同类学生也可在中心实习实训。考核合格后由企业和协会联合签发“工作经历证书”。

3. 建设共享型公共服务平台

为完善课程建设，与同类院校共享教研改革成果，该专业将开发专业资源库和网络服务平台。引进国际上先进的交互式学习平台，继续开发自主学习型网络和教学课件。建成包含试题库、信息文献库、多媒体课件库、音频库、视频库、案例库、五门以上高质量网络课程库七大模块、规模为500G的2000种多媒体资源，并通过网络共享平台服务于高等教育专业的建设工作，建成后可满足在全国范围内1000人同时访问。

（二）建立工学结合的新型教学模式

经过教育教学实践，形成“顶岗、轮动、复合、融通”的工学结合的人才培养模式，开辟行业知识、语言技能和职业能力相互融合的人才培养新途径。

轮动：根据社会对人才需求的不断变化，每年修订人才培养方案，使之在动态中优化。课程设置与教学内容不断调整，与时俱进。学生的基本技能、核心技能、综合技能、职业素质、岗位适应能力在学习进程中呈螺旋式上升。专业教师通过下厂调研、顶岗锻炼，到海外学习工作，到高校深造或攻读学位，为企业提供培训、翻译服务等多种形式，不断接触新观念，掌握新知识，熟悉新技能。

复合：专业建设的三重复合，即专业内容的复合、不同类型课程的复合、知识与技能的复合，决定了课程体系体现知识与能力，心智技能与动作技能，技术素养与人文素养，专业、就业与创业等多种元素的有效结合，实现知识、能力、素质的协调发展。

（三）优化专业建设与改革方案

1. 人才培养方案

一是建立校企合作教育伙伴关系，开创多元化人才培养方式。全方位、多样化地开展校企合作人才培养形式，形成产学合作、工学结合的双边多赢的教育环境。利用区位和行业优势，建立“校企合作联盟”，推进“工学结合”的人才培养方案，努力开发“订单式培养”的新途径。二是优化课程体系，构建以职业资格证书为主线的人才培养方案。三是强化实践教学环节，突出专业技能和职业能力的培养。进一步加强和扩大校外实习基地建设，在阶段性实训课程的教学过程中，突出对学生专业技能的培养，深化学生一年顶岗实习中的过程管理，提高毕业生的职业能力。深化专业建设指导委员会的指导和监督作用，完善行业专家授课制度，建立专业教师企业挂职制度，在校企合作联盟的框架下加强订单式培养力度，确保学生的职业素质与企业要求零距离对接。

2. 课程建设方案

一是围绕职业能力和人文素质培养完善课程体系。课程结构上体现出多样性、灵活性和可选择性，使学生在校期间不仅具备职业岗位群所需的从业能力，而且培养可持续发展能力，为学生终身学习打好基础。二是加强精品课程建设，实施三级精品课程建设计划，陆续建设一批体现岗位技能要求、促进学生能力培养的精品课程。三是与企业密切合作，开发专业系列教材，修订校本教材。四是借助校企合作联盟，定期与国内外同类院校进行教学研讨，探讨新的人才培养模式和教学方法改革的课题研究，进行校企合作经验以及教学成果的交流。

3. 师资培养方案

一是名师工程。特聘（柔性引进）曾参加过国家级重大文件起草和审定工作的专家委员会成员、在国际会议上多次做主旨发言的著名高校知名教授引领专业建设。二是双师工程。优化和提升专业教师的知识能力结构，鼓励教师获得相关行业和企业的商务类职业资格证书。同时，发挥校内外实训基地先进设备设施的优势，对所有专业教师开展多种形式的实践技能培训，安排教师在校内外实训基地挂职和顶岗锻炼，使双师型教师比例提高到 100%。三是国际化工程。选聘具有行业背景和实践经验的外籍教师参与教学团队，提高教学团队的整体水平；拓宽专业教师的国际视野，每年选派 1~2 名优秀的专业教师到著名大学深造或培训，或到国内大学进修；鼓励教师参加各种类型的职业资格认证培训和短期学习。四是青年教师“三术”提升工程。从“三术”（教术、学术、技术）方面加强培养青年教师。按照“青蓝工程”的思路，选拔培养青年骨干教师；深化“青年教师带教”工程，以传帮带的方式提升青年教师的教术和学术水平；每年选派 1~2 名教师到国外进修 2 个月；选派 1 名外访问学者；选送 1~2 名青年教师参加在职或脱产学习；要求专业教师每年下厂累计实习时间不低于 2 个月，35 周岁以下年轻教师每年下企业实习不低于 2 个月；定期举办青年教师授课大赛、教案评比、论文竞赛等，培养浓厚的教学和学术研究氛围。

4. 实训基地建设

功能系列化。为充分满足学生的岗位能力和基本素质需求，对现有的实训基地进行升级改造，实现功能系列化，环境真实化。实训基地按企业化模式运作，引入企业标准，使学生在“做中学，学中做”。校企合作联盟提供的实训基地将全方位承接学生的专业认识实训，专业体验实训和顶岗实习，校内实训室在为学生提供实训服务的同时，承接对外服务，实现专业建设与企业化运营的双赢效应。

人员职业化。为了强化实训基地建设，讲求实战性，突出实效性，达到示范性，该专业将对实训基地进行人员职业化管理，培训人员中的80%将聘请行业专家担任。

三、推进学科专业建设和人才培养改革的思路

（一）思想观念的革新和转变

思想是行动的先导。在教育事业的发展历史上，任何一次教育变革与进步，皆始于思想观念的变革与创新。推动解决高等教育目前存在的学科专业建设与人才培养的问题，必须从全国上下教育思想观念的革新转变开始，各种平台的创建，在很大程度上就是从学校领导层面的思想解放和观念转变开始，然后通过自上而下的发动得以顺利实施。

纵观世界高等教育尤其是欧美发达国家教育教学改革的最新发展与变化，尽管各国具体思路与举措有所不同，但注重人才培养与时代变化的全方位适应，注重高等教育与经济社会的深度融合，是各国行动的共同特点。我国高等教育发展的时代变化，必然会带来一些深层次的教育教学内涵的

变化，这就要求高校应转变教育观念，以提升学生就业能力为提高质量的重要努力方向，树立多元化和多样性的质量观，更加关注那些不能成为科学家的孩子，更为理性地关注教育与经济社会的适应问题，更为迫切地思考解决学生面向社会的适应能力、实践能力和创新能力的问题。

（二）创建学校与社会联系融合的互动平台

面向经济社会发展趋势，寻找与行业企业的利益契合点，创建学校与行业企业共需共赢的协同创新平台，是高等学校服务经济社会发展的必然选择，也是高等学校推进学科专业建设和人才培养改革，促进教育与经济社会融合的必由之路。创建学科群对接产业集群的改革实践，自始至终立足于校企双方的共需共赢。对于学校来说，平台解决的是办学与人才培养的现实问题；对于企业来说，平台解决的是科技和人才需求的现实问题，因而改革实践从一开始就应该争取得到行业企业的积极响应和大力支持，这是学校教育教学改革走向成功的重要基础。

（三）体制机制的创新与保障

推进高等教育体制、机制等方面的制度创新，改革完善学校教育教学改革的体制机制保障，是学校学科专业建设和人才培养改革顺利进行的重要条件。从目前高校的办学实际来说，学校推进开放办学和创新教育的现实困境与体制障碍有很多关系。比如，在人事管埋体制等方面，学校办学自主权的缺乏就是一个掣肘的深层次障碍，因此，学科专业建设与人才培养模式改革方面存在的问题，看起来是高校内部的事宜，其实牵扯到高等教育管理体制等多方面因素，从高等学校办学内外部因素的统筹研究与综合考虑出发，是分析问题、解决问题的科学理性选择。

第四章　高校人才培养模式改革的对策

现代哲学认为，事物的发展有内在规律，也有外在的联系。从系统学角度来看，认识和构建一个系统既需要从内部视角出发，也需要从外部视角探索，即面向内部要素形成和面向系统对外功能的形成。二者合一，方是一个完整的改革体系。

第一节　高等教育人才培养模式改革的内部构建

从高校人才培养模式的内部视角来看，对中国高等教育的学科和专业发展而言，其基本发展方略主要是调整专业结构、适应社会需求、针对行业职业的需求，优化课程结构，加强师资建设，提高教学质量，夯实专业条件、建立有效机制，促进专业建设。基于高等院校内部要素，我们提出构建就业视角下高等院校人才培养模式改革的内部模型。

一、树立以就业为导向的人才培养教育理念

严格意义上来说，教育指导思想并不是构成人才培养模式的要素，但它对于人才培养模式的形成起着无形的指导作用。因此，探索以就业为导向的高校人才培养模式，应该从重塑教育理念开始。“以人为本”的教育理念教育在人的发展中起着主导作用，主导作用的发挥有一个基本的

条件，就是要遵循人的身心发展规律。在进入21世纪以来，我国经济社会发展选择了以科学发展观作为指导思想，提出了“以人为本，全面、协调、可持续发展”的发展理念，赋予了教育中“以人为本”理念新的含义。

“以人为本”的教育理念既是人才培养理念的价值回归，也是新时期经济社会科学发展的必然选择。在教育中，“以人为本”的理念体系要求尊重人性的主体要求，以实现人的本体价值、激发人的潜在本能、发展人的个性。没有人的本体参与的教育是失败的教育，是没有生命力的教育。我国的教育实践证明，如果不激发学生的自我教育和自我觉醒，就无法实现人的可持续发展。在这种情况下，人在受教育的过程中只能是一个被动的受体，离开学校之后很难领会终身教育理念。忽视“以人为本”的教育，本身也是对人发展权利的不尊重。

就业是受教育者个体发展的需求。对于高校管理者来说，应该要尊重学生的主体地位和人格，重视学生的权利和价值诉求，着眼于学生的成长成才。“智能教育”的教育理念。传统的大学教育在教育方式和评价方式上比较单一，尤其是在评价方式上，习惯用考试分数决定一切。这无疑是忽视了人的认知方式和思维方式的多元化。

多元智能理论从实践上证明了学生在理解能力、动手能力、应用能力、创造能力和语言以及数理逻辑能力的发展上存在个体差异性。过去的教育中倾向对语言和数理逻辑的考评，而其他方面的能力没有得到重视。在就业视野中，任何一种能力突出都可以在职场上散发光芒。要培养多元化的就业人才，高等教育必须以智能教育为指导，在学生掌握宽厚的基本理论知识的基础上，锻炼和发展其多种能力，使其有成为各个领域专才的可能性。处理好“传授知识”与“培养智能”的关系，在加强基本理论和基础知识教学的同时，高度重视学生智能的培育，是培养就业人才的出发点。“综合教育”的教育理念人才的培养是一项系统工程。

在知识经济迅速发展的今天，学科知识呈现两种状态和趋势：一是高度分化，朝专业化方向发展。二是高度综合和集成，朝通识方向发展。这就要求在人才培养模式改革中，要有综合教育的理念，加强专业的融合，强调文理科的互相渗透，强调人文精神和科学精神的统一和并重，重视人才的综合知识、综合能力和综合素质，以培养能在各个领域快速适应岗位的综合型人才。“并放教育”的教育理念当前之所以存在一定程度上的人才匮乏，是因为缺乏开放性的理念的指导。一方面高校在喊着要培养创新开放的人才，另一方面却又用固有的模式进行培养。用重复性的训练和标准化的考试评价人才，培养创新和开放的人才只是停留在口号上。高校必须转变思想，改变不利的发展环境，建立有利的培养模式。

开放教育包括两层含义：一是对内开放，即学校对社会的开放性。学校教育再也不能传承“象牙塔”式的办学模式，把学生禁锢在学习“书本知识”“学科知识”之内，应鼓励学生从社会实践中学习，置身于现实的变革中开拓视野、增长才干、学以致用。通过加强实践技能和创新能力的训练，促进知识的学习和应用，增强学生适应社会发展变化的综合能力。二是对外开放，即学校对世界的开放性。让学生了解、认识世界，培养学生的“全球意识”、国际视野和国际素养，以适应经济全球化对人才的新要求。坚持教育理念。教育的真谏是什么？引用《礼记·大学》中的一句话，开宗明义：“大学之道，在明明德，在亲民，在止于至善。”这就说明高等教育必须重视培养学生具备会思考、探索问题的本领。人们解决世界上所有问题是用大脑的思维和智慧，而不是靠照搬书本。也就是说，大学教育不仅仅是知识教育、专业教育，而应该是素质教育。素质教育理念的提出是对教育真谛的领悟，是我国教育界对教育理念的创新。素质教育理念是指导人才培养模式改革的核心理念。纵观我国的教育现实情况，可以发现：要实现人才培养模式改革，需要坚持素质教育理念。人们认识到在构成人才的要素中，有比知识、能力更为重要的东西，那就是“素质”。换句话来说，就是强调教师在传播知识、培养学生能力的同时，要更加注重学生素质的提高。这里的素质教育主要是针对片面的科学主义教育以及狭隘的专业教育弊端提出的。它更侧重于文化素质。以文化素质教育为突破口，强调“做事”与“做人”有机结合的重要性，其目的在于促进科学教育与人文教育相融合，满足大众需求。因此，文化素质教育理念成为加强素质教育、深化人才培养模式改革的一个重要切入点。

二、确定以就业为导向的人才培养模式的基本目标

人才培养目标的意义，人才培养目标可以称为教育目标或教育目的，是各级各类学校、各专业规定的培养对象通过培养后要达到的要求。一般在人才培养方向、培养规格、业务培养要求等方面做出明确规定。人才培养目标是人才培养模式的核心因素，也是确定培养体系、培养过程和培养机制的前提和依据。培养目标既受国家、社会对人才类型、规格需求的制约，也受学生自身基础条件及发展要求的制约。培养目标是人才培养的标准和要求。它是人才培养模式的核心，对人才培养活动具有调控、规范和导向作用。

高等教育的人才培养目标随着社会需求的变化而变化，即人才培养目

标要与时俱进。培养目标就是要回答高等教育到底是培养什么人这个问题。随着社会的不断变化，教育在大学生成长过程中有着重要影响。折射到人才培养目标上，我们也应该做出相应的改革，也就是根据社会需求、了解社会、了解国情，培养对应的人才，切不可闭门造车。正确的培养目标是旗帜，是引领教育发展和改革的方向。当前，各高校普遍注重通识教育和文化素质教育以及毕业后适应工作能力和发展潜力的培养。

但在培养目标与专业教育关系上，一些学校会走入误区。而实际上，依据社会发展需求，社会发展的任何阶段既需要通才，也需要专才。通识教育与专才教育都是高等教育必须兼顾的人才培养模式与人才培养目标。培养人才的关键问题是实现二者的有机结合，不能因强调通识教育而弱化专业教育，也不能因强调专业教育而使通识教育流于形式。所以，大学应根据社会所需，与时俱进，不断调整目标，培养社会所需人才，才能发挥高等教育的社会功能。总的一句话来说：人才培养目标改革需要做的是与时俱进，坚持素质教育的理念，依据社会要求，培养对社会有用之才。为切实实现就业导向的人才培养模式，在培养目标的确定上应有其契合的体系，实现教育价值。人才培养目标体系以培养创新型人才为目标。学术领域的“创新”①是由美籍奥地利经济学家熊彼特在1912年的《经济发展理论》中提出，后在他的其他专著中得以发展。他认为创新就是企业对生产要素新的结合，即引入一种新的产品，采取一种新的生产方式，开辟一个新的市场，获得一种原料或半成品的新的供给来源，形成一种新的企业组织形式等。美国战略研究专家德博拉·艾米顿提出“知识创新”概念，即新思想的产生、深化、交流并应用到产品服务中去，

---

① 约瑟夫·熊彼特.经济发展理论[M].郭武军，吕阳，译.北京：华夏出版社，2015.

以促进企业获得成功，国家经济活动得到加强，社会取得进步。而人才培养的创新就是要求以新的理念来指导教育，使学生在宽松、民主的环境下，打破学科界限与单一的授课方式，让学生通过学习与经历，使知识结构趋向完善，能力得以提升，最终成为复合型的创造性人才。

目前，从社会各界和用人单位反馈的信息来看，我国高等教育存在的突出问题是对大学生的创新意识和创新能力的培养严重不够，适应不了市场经济迅速发展的要求和日益激烈的科技竞争的需要。其主要表现在：一是学生在学习期间偏向于唯书、唯师、唯古不唯新，把现有知识看成绝对的真理，满足于对现有知识的记忆和复现，而对当今世界在高新技术以及人文社会科学方面的新进展、新动向，特别是一些正在探索而尚未解决的问题，不敏感、缺兴趣、少研究，不能或不敢运用所学的知识大胆地提出问题和分析问题，更谈不上有多少带有创新性的学术新思想和新观点。二是在大学生毕业进入社会后，面对迅速发展的市场经济和日新月异的科学技术及其先进的生产手段，面对实际工作中遇到的大量创新问题，无论是在大学阶段所学的知识，还是所具有的能力和素质，均显得不足。

因此，高等教育要适应新形势，满足社会发展的新要求，必须调整人才培养目标，由以往传统的培养单一的“知识型”人才提升拓展为培养“知识、能力、素质三位一体型”人才。注重学生的知识积累和一般能力培养的同时，要重视学生创造性思维、创新能力和社会适应力的培养。因为能力和素质特别是创新能力是人类驾驭知识、灵活运用知识服务社会的力量体现，是知识内化而成的体现人的品格、潜质、底蕴和境界的一种深层次属性，代表着人才质量要素的更高层次，更加符合现代社会经济发展对人才的实践性、创造性的要求。它应该成为我国高等教育人才培养目标的出发点和归宿点。以培养应用型人才为目标的所谓应用型人才是指能将专业知识和技能应用于所从事的专业社会实践的一种专门的人才类型，主要是指熟练掌握社会生产或社会活动一线的基础知识和基本技能，主要从事一线生产的技术或专业人才。应用型人才培养是指是以能力为中心，以培养技术应用型专门人才为目标的培养方式。应用型人才培养范式的具体内涵随着高等教育的发展而不断发展。本科阶段的应用型人才培养，既有着普通本科教育的共性，又有别于普通本科的自身特点。它更加注重的是实践性、应用性和技术性。根据我国目前的经济发展状况，应用型的人才是当前所需。我国现在处于工业化发展阶段，并且是世界工业生产和制造的中心，需要大量高级应用型人才作为人力支撑。但事实显示，大量的工厂和企业面临“用工荒”的问题。德国“双元制”的人才培养模式是一个成功的实践案例。

事实证明，从20世纪开始，“双元制”的人才培养为德国输送了大量的应用型人才和高级技工，为国家的经济和社会发展做出了巨大的贡献。这也为我国人才培养模式改革提供了很好的经验借鉴。培养应用型人才目标，是适应当前人才需求和应对国际竞争的良好尝试，高校在办学的思路上更应该面向本地区科技与经济发展，面向企业技术生产一线，紧靠政府和行业办学，坚持为地方经济和社会发展培养应用人才，争取地方的大力支持。以培养多元化人才为目标，从人的发展上来说，人的多元智能发展是否好，关键在于是否能够培养和开发。而这种开发需要建立一种相应的教育体系和培养模式，即通过多元的教育促进大学生的多角度发展。从社会经济来看，经济的多元化对各类人才的规格、层次、要求也是千千万万，同一模式下的人才不可能满足社会多样化的需求；人的个性、智力、需求、追求的目标以及愿意付出的代价也不尽相同。只有多样化的人才培养目标才能满足更多人的不同的学习需求；从国际上来看，高等教育大众化的过程与高等教育多样化的过程是紧紧联系在一起的。美国学者马丁·特罗在论述高等教育发展阶段时提出，随着高等教育规模的扩展，高等教育必然会发生质的变化。

马丁·特罗对高等教育多样化的定义：对应于规模的扩大，新阶段的要素成为制度和结构，并且整个高等教育多层化、多元化的过程。高等教育大众化对多数人来说是增加了入学机会，而高等教育的多样化则是用尽可能多的方法提供适合人们需要的高等教育。坚持以就业为导向的人才培养模式的基本原则在正确理解人才培养模式改革科学内涵的基础上，为了更加顺利地进行人才培养模式改革，帮助大学生就业，满足社会需要。

三、坚持“以学生为中心、因材施教”的原则

搭建以就业为中心的人才培养模式。为坚持此方向，在建设过程中，在人才培养模式改革过程中，应遵循以学生为中心、因材施教的原则。学生与教师是构成大学人才培养不可或缺的两类主体，教师是教的主体，学生是学的主体。离开任何一方，大学就不再为大学，人才培养就不可能进行。因此，以人为本的教育理念包括“以学生为本”与“以教师为本”。教师和学生是人才培养模式改单的主要参与者，也是改单成效的展现者。因此，必须充分发挥教师和学生的积极性、创造性，把学生的个性发展、素质提高看作是模式改革的出发点和归宿。联合国教科文组织国际教育发展委员会在《学会生存——教育世界的今天和明天》（1972 年）中指出

“学习者的地位和作用是确定任何教育体系的性质、价值与最终目的的重要标准”。“我们应该使学习者成为教育活动的中心；随着他们的成熟程度允许他们有越来越大的自由”。

人本主义心理学家罗杰斯也提出了“以人为中心”教育主张，反对任何把人放在次要地位的教育，这也跟我国的科学发展观相一致。我国科学发展观的本质和核心是坚持以人为本，同理，高校落实科学发展观的关键就是坚持以育人为本。以学生为本，为促进学生的全面发展创造条件，是高等教育改革发展的根本原则。在学习、教学中都得坚持这个原则，促进学生的个性发展。随着我国高等教育逐步普及以及费用自理的方针，外加上学生自主就业及就业压力增大，学生的主体意识会明显增强，他们的个人发展需要与欲望也会越来越强烈。我们必须把握这一点，承认并尊重学生的主体性，以学生为中心，使学生成为人才培养模式改革的积极参与者、推动者和受益者。就如《学会生存——教育世界的今天和明天》中所说：教育不能只强调缺乏活力的“预设论”“预成论”，而不重视或忽视学生的“自我生成论”。学习型社会不以学科为中心，而以学生潜能发展为中心，要强调师生之间的互动而非教师中心；对课程也是强调过程，而非“跑道”，使教育更合乎人性等。所以，在构建人才培养模式的实践中，要体现教育合乎人性一点，学校办学必须坚持“以人为本，学生第一”的原则，尊重学生的权利，充分发挥他们的潜能，提高他们的素质，走一切为了学生的利益，一切着眼于学生的发展，一切落实于学生的成才，进而满足就业需求之路。坚持以特色求生存、求发展的原则。任何一所大学都不可能办齐所有学科，也不可能在所有学科领域都保持一流的高等教育，也就是说，一所大学不可能培养出各种人才。这就要求高等教育应当依据自己学校的实际情况，充分挖掘利用自己手中的办学资源，根据自身能力，量力而行，抓住人才知识结构和能力体系某些方面有所突破，办出自己的特色，形成自己的优势。这才是依托科学合理的人才培养模式，加快院校发展，提高高等教育质量的条件和基础。特色是教学质量的表现。一些新建本科院校在师资力量、教学条件、科研水平等方面，可能不如其他老牌大学，但突出办学特色，提高教学质量，却完全可能。中国有句古话，叫作“有所为有所不为”，讲的正是特色问题，也就是扬长避短，要做到“人无我有，人有我特”。然而，在实施教学过程中却常常容易按部就班，犯平庸性的错误。因此，学校为了能够在激烈的竞争中胜利，人才培养模式改革应当坚持以特色求生存、求发展的原则，发挥个性和特色的优势所在。高校一定要从现在开始将其作为一个明确的努力方向。只有认清优势，找准定位，与时俱进的同时，保持自己的个性，不盲目跟风，办出自己的特色，展现自己的水平，这才是找到自己生存之路的方法。周济部长指出，各个学校要根据社会的需要，正确定位，培养不同层次的人才，满足人的个性发展。各种各样的学校一定要有不同的质量要求，改变千校一色的局面。

1993 年中共中央、国务院发布的《中国教育改革和发展纲要》一文中指出：高等教育的发展要区别不同的地区、科类和学校，确定发展目标和重点。制定高等学校分类标准和相应的政策措施，使各种类型的学校合理分工，在各自的层次上办出特色。可以看出，高校的核心竞争力在于它的办学特色。要想在竞争中立于不败之地，就必须坚持以特色求生存、求发展的原则。坚持以经济为依托，社会需求为导向的原则，高校教育不可以脱离社会而单独存在，社会发展以及经济发展也离不开高等人才的帮助，高等人才的培养离不开良好的教育。社会的发展和科技的进步，高等教育由社会的边缘走向中心，高校人才培养与社会的联系和交流日益广泛。两者属于共赢关系。因此，高等教育人才培养模式改革也需要坚持以当地经济为依托，社会需求为导向。

在经济转轨、社会转型的急剧变化中，教育主体要把握好时代脉搏，找准社会需求，方能立于不败之地。就拿民族院校来说：他们主要是教学型和教学研究型大学。教学研究型高校以培养复合型、应用型的人才为主；教学型高校培养的是面向基层、面向生产第一线的应用型人才。基于此，为了适应社会的需求，民族院校应根据市场的要求进行相关改革，找准自己的办学定位、发展目标、办学性质和服务方向，确定人才培养的目标、规格，构建合理的知识、能力、素质结构，培养面向基层、高质量的应用型人才。其他院校的发展也是如此。在进行人才培养模式改革过程中，高校应根据国家和经济社会发展对人才的不同需求，以市场需求为导向，给自己明确的定位、确定人才培养的目标、体系以及过程，培养出高质量的人才，满足市场需求。另外，社会市场处于急剧变化之中，这就要求高校研究市场、随时做好准备，对外界环境的变化迅速地做出反应，改变过去“象牙塔”“闭门造车”式的人才培养模式。总之，高校在进行人才培养改革时，要更多地从学校与社会环境关系的角度来策划相关改革，以市场需求为导向。只有这样，人才培养模式的改革才能赢得主动，产生更大的力学效益。正如杨杏芳所说的，只有抓住时代的脉搏来考查教育问题，才能推动教育思想的发展和进步，也才能把握好人才培养模式的改革方向。[①] 何以体现时代脉搏，就是要有根有据地进行改革，以适应市场需要。因此，高等教育人才培养模式改革，需要教

① 杨杏芳. 大学教学制度改革的文化反思[M]. 南京：南京师范大学出版社, 2006.

育者把握时代发展潮流和趋势并根据知识经济对教育提出的挑战。一方面，必须培养创新人才，实现教育的个性化。另一方面，努力实现科学与人文的融合，使受教育者成为一个对世界有用的、和谐发展的人。坚持人才培养整体优化原则，高等教育人才培养模式改革需要实现模式的整体优化。整体优化体现在两个方面：对于个体发展而言，要根据知识经济的特点，明确大学教育在进行专业教育的同时，承担着专业素质之外的综合素质培养的任务，以文化素质教育为切入点全面改革现有的人才培养目标、培养规格、课程设置与培养计划，形成既符合社会对人才发展的需求趋势，又体现大学自身特色的人才培养模式。根据系统论“整体大于部分之和”的原则，人才培养模式改革成功需要坚持人才培养模式的整体优化的原则。人才培养模式研究的特殊对象是一种“大教学过程”，有别于普通教学论的微观教学过程。人才培养模式自有其构成体系，从横向和纵向有不同的逻辑层次，人才培养模式意义上的大教学过程与实践形式中的人才培养方案和教学计划这个层次相对应，包括人才根本特征、规格、专业方向的规定，整个通识教育与专业教育课程体系的规划和设置，培养途径和环节等。

另外，人才培养模式的改革必须与学校内部其他改革整体推进。人才培养模式的改革涉及学校工作的方方面面，是一项系统工程，需要各部门、广大教师、学生和管理人员的通力合作。学校的各项改革必须与人才培养模式的改革紧密结合、协调发展。总之，高等教育人才培养模式只有坚持以人为本，立足地方，与经济发展结合起来，发挥其办学之特色，在办学理念、办学风格、培养目标、学科水平、课程体系、管理方式（学生管理、教职工管理、行政管理）及校园环境建设等方面整体优化，方能在日趋激烈的就业市场竞争中，为自己吸引生源和各种资源，促进发展，赢得声誉，并提高自己的竞争力。

四、充实以就业为导向的人才培养模式的内容

当前高等教育培养内容的缺失、高等教育应培养的内容，要根据经济全球化的发展趋势，在世界高等教育视野中去探索和分析，按照时代发展的趋势与要求去建设，以“顾客满意为导向”予以评价。需要指出的是，传统教育内容不能满足就业市场对新的人才职业素养的要求，“学非所用”造成了学校所培养的学生与毕业生就业市场变化之间的突出矛盾，传统专业知识体系塑造的人才用不上，新兴就业领域所需要的人才十分紧缺。这实际就是高校培养的“产品”和“销路”不对接。简单地说，就是传统的“计划经济”体制下的教学内容已经造成“市场”的学生就业之间的矛盾。因此，为了培养社会所需要的人才，我们必须实现人才培养模式同社会需求的对接，全面实施培养内容的创新，这也正是高校实现规模、结构、质量和效益协调发展的必然选择。正是为了适应就业市场激烈竞争的需要，我们按照“从出口往回找”的思路创建内容体系、以要素为单位建设教学资源，“从国际化”和“地方化”两个切入点更新内容体系，创新教学模式，增强应用型人才培养的社会“适应性”，以就业为导向，充实新的内容体系。就业视野下人才培养应有的核心内容根据调研结果，要立足于现实所需。本节提出就业视野下的人才培养内容应由以下几个模块构成。

专业知识体系专业技术能力是大学生综合素质和能力的主要组成部分，更是学生走向社会后就业和从业的基础能力，因此，对在校学生进

行全方位的专业技术能力培养，是提高学生就业能力的重要途径。第一，在社会方面，随着专业分工的细化，企业对劳动人员的专业技术能力的要求越来越高。大学生专业技术能力的培养应紧跟社会的变化趋势，加强社会对专业人才需求的透明度，增强对大学生专业技能要求的指向性。第二，学校在不忽视学生综合能力培养的前提下，要加强对大学生专业技术能力的要求，适当增加物力、人力、财力以加强对学生专业技术的培养，为学生创造条件参与实践，将理论落到实处。第三，大学生个人要提高对专业技术能力的重视程度，从自身未来就业出发，切实掌握本专业的基本技能。另外，对专业知识的培养可以通过理论与实践两个途径展开。根据各个专业的特点与要求，在传授理论的基础上通过社会实践进行验证与知识的强化。在理论与实践结合的过程中，鼓励学生积极思考，勇于发现新问题、拓展新思路，敢于提出自己的真实想法。

同时，在广泛的专业知识体系基础上，识别自身的兴趣所在，培养自己的特长，做到一专多能。通识知识教育体系。通识教育课程是高校课程的重要组成部分，它是与学校的专业课程相对应的一个概念，泛指专业课程以外的所有课程。通识教育课程的设置以通识教育的理念为指导，根据通识教育所要求的目标设计课业及具体的进程。通识教育体系的充分运用是增强大学生就业能力的重要保证。通识知识教育的重要性。首先，是培养高素质创新人才的需要。通识教育是当前高等教育改革的重点，它以独特的教育理念适应了创新型人才培养的需要。大学教育担负着为社会主义现代化建设培养和造就高素质创新型人才的使命，是培养和造就高素质的创新型人才的摇篮。大学教育的质量和方式对创新能力的培养有重要的影响。通识教育是大学教育的重要组成部分，通识教育的科学合理的设计有利于激发学生的创新潜能，培养创新型人才。当前，中国屹立于世界强国之林，但自主创新能力的欠缺使我们与发达国家相比还存在很大差距。当前中国的高等教育仍有很多弊端，诸如只注重专业人才的培养，局限于专业知识的传授，强化操作层面的知识学习和技能训练，实行单一的培养模式和教学评价方式，弱化了学生的个性发展，缺乏创新的文化环境和学术氛围，忽视了对学生创新精神和创新能力的培养。为了更好地应对激烈的国际竞争，推动经济和社会建设可持续发展，尤其是满足创新型国家建设对人才的需求，改革高等教育的弊端，培养创新型人才就成为关键之举。近年来，通识教育越来越受到人们的关注，通识教育不但可以让学生具备广博的知识和融通能力，还促使学生在品格、身体、艺术等各方面均衡、全面地发展；不仅培养学生独立思考及创新能力，还要求学生具备良好的品德素养，关注社会现实，积极参加社会实践，成为具有使命感和社会责任感的公民。通识教育所要求学生具备的开放的思想观念、富有个性的知识和能力结构、创造性的思维和动手能力、良好的人文素养和成熟的心理素养的特质与我国建设创新型国家所需要的创新型人才需求不谋而合。其次，是培养健康就业人格的需要。当前，国内外对通识教育的内涵众说纷纭，各有见地，但有一个一致性的价值取向，那就是通识教育的目的在于培养“完整的人”“健全的人”。通识教育是通识教育理念和通识教育实践的统一体，是高等教育的重要组成部分。它是一种内容广泛、非专业性、非功利性的教育，其目的是把学生培养成为健全的个人和负责任的公民，它的实质是“和谐发展的人”的培养。大学通识教育向大学生提供一种广阔的文化教育，涉及人文科学、自然科学、社会科学等多个领域。通识教育的教育方式灵活多样，有必修课和选修课、课堂教学和丰富的课外活动、实验和实践等多种方式，可以让大学生在轻松自由的学习环境中扩充知识面，开阔视野，为大学生进行创造性思维和创造性活动提供广博的知识基础。正确的价值观、健康的人格是用人单位非常注重的品质，通识教育是培养健康就业人格的必然途径。最后，是提升就业能力的需要。通识教育可以提升大学生的就业能力。通识教育有助于构建大学生进行求职所需的合理知识结构。通识教育的内容涵盖自然科学、人文科学、社会科学三大领域，文理渗透，相互交叉，以基础性、理论性、综合性为特点，为人才的培养提供了坚实的理论基础。通识教育有利于学科交叉，有助于学生融合不同专业的理论知识，在整合的基础上重新建构自己的知识体系，从而激发学生的学习思维。

通识教育的教育理念和教学方式为学生的个性发展提供了良好的空间。它鼓励学生进行创造性思维，尊重学生的思想和成果，注重营造一种宽松、自由、追求真理的学习环境和学习氛围。通识教育教学方式灵活多样，是实现创新价值的必备条件，可以激发学生多方面的兴趣，培养他们的就业意识，激发他们的就业潜能，为他们提供展示才能的舞台。通识教育的内容在大学的培养内容的发展过程之中，有两股势力存在张力和较量，那就是通识教育与专业教育，目前中国的高等教育更为偏向专业教育。这与我国高等教育发展的历史有关。在这里强调加强通识教育的内容并不是排斥专业教育，而是将专业教育放在一个更加广阔的背景中进行，也并不是排斥专业训练，而是强调综合内容上的专业教育。通识教育以培养世界公民为目标，通过人文、社会、自然科学等方面的知识，培养学生综合运用知识，用联系的观点、世界的眼光分析问题、解决问题的能力。

通识教育相对于专业教育更倾向于学生的个人价值，注重学生的全面发展以及个性的养成。就其性质而言，通识教育是高等教育的组成部分，是对大学生实施的非专业性的教育；就目的而言，通识教育是培养有社会责任感的、能积极参与社会活动的、全面发展的社会人和国家公民的教育；就内容而言，是一种广泛、非专业性、非功利性的基本知识和技能以及态度的教育内容。通识教育以“做人教育”为核心，包括以下内容：第一，做人的思维方式。通识教育的内容以“完人”教育为目标，鲁洁先生认为，所谓通识教育之“通”是指“教育要使学生兼通于‘何以为生’‘为何而生’两个领域”；“识”，“不仅限义于‘知识’之识，除了理性知识以外，还包括人的情感、意志等在内”[①]。大学通识教育之所以会引起国际社会的强烈关注，也是因为人们在实践中逐渐意识到“做人”“做事”都是大学教育必须承担的职责。追求真善美集一体的人格的形成也成了教育的终极目标。第二，对人的生存方式的理解。人是教育的主体，也是教育的主题，因此对人的不同理解直接导致不同的教育观念。无论是狭隘的专业教育，还是专门的做事教育，都源于人类对自身力量的极度认可，认为人类成为世界的主宰。但是随着生产力的提高，就在主体性获得全面展示的同时，也陷入了新的危机。这就是被当代许多西方思想家所描述的“使主体性陷入人类中心主义及自我中心主义的深深困境”，即个体以单子方式存在。这种存在方式，在21世纪不仅造成人的生存境况的恶化，如环境污染、战争、动物界对人类的报复等，更为严重的是，

① 鲁洁. 德育新论[M]. 南京：江苏教育出版社, 2002.

由于片面追求经济增长的发展，人们精神生活的匮乏感的加强。因此，通识教育的思想与实践，通过给予学生一个合理的知识结构和能力结构，促使学生形成个体主体性的基础上，成为一个对人、对社会、对自然负责任的“人”和国家的“公民”，具有强烈的责任意识和主人翁意识，成为一个共生型的类主体。做人教育同样也在寻求人自身生存方式的变革。近代以来，人对科技的顶礼膜拜使得人们对于社会文化领域也采用“做事”的物化方式来管理和考查，致使大学教育逐渐失去了价值、意义和精神，失去了对人性的关注。通识教育不仅要教会学生做事，而且能正确地判断该做什么，不该做什么。实践创造教育体系，实践是个体生存和发展的方式之一，对于教育而言，实践本身就是教育途径和价值体现，实践教育是培养“就业”人才的必然选择。教育思想和内容的传递都需要特定的途径，教育途径的本身也是教育的内容之一。在常规的课堂教学里，就业型人才的培养需要依托综合实践和社会实践内容。实践是实现教育目的必备的途径之一，也是就业视野中人才培养的重要途径。实践是对课堂教学的继承和扩展，其基本理念是突出学生主体、面向学生生活、注重学生实践、强调就业能力。要充实和拓展实践教育的内容，就必须从三方面做起：一是专门实践课程的开发。我国大学生总体体现的是科研实践经验较少，理论水平高于实践水平。这与过去课程的设置传统有关，就业视野下的人才培养，重要的是职业实践能力。职业实践能力的培养需要专业的实践课程，学校可以根据行业岗位特点，开发专门的实践课程，可以模拟职业场景，根据专业实践教学打造和提供教学环境。甚至可以把课程直接搬到企业和公司，形成学校和企业二合一培训课堂。二是加强传统实践教学环节。实践教学环节是整个教学过程中非常重要的环节，也是培养大学生实践能力的重要过程。一般包括实习、实验、毕业设计(论文)、课程设计等环节。在这个过程中要为学生的毕业设计和毕业论文提供有价值、有实用性、针对性比较强、密切联系实际的内容。相关内容要强化学生产学研相结合的思路，在教学老师的带领之下，培养学生实际操作能力，锻炼解决实际问题的思维，从而增强学生的就业能力。三是补充课外实践活动。课外学术科技活动、高校社团活动、志愿者社会实践活动能够很好地锻炼学生的社会适应能力，成为主课堂外很好的实践补充。

目前，越来越多的学校注重学校的课外科技竞赛活动和大学生科学研究训练以及创业实践活动或比赛，学生通过参加实践活动，积累了实践经验，培养了创新实践能力、创新意识，为以后就业打下了坚实的基础。高校社团和志愿者活动适应了知识经济对创新人才的要求，学生通过积极参与可以展示青春才华，澄清社会价值观。就业知识体系高等教育具有的社会服务功能应该体现在利用多学科的人才聚集优势取得的高新技术上以及在生产领域的转化应用上。大学生能力资源是实现大学社会服务功能的媒介。大学生成功就业是人才资源充分得到开发的重要表象，“凡事预则立，不预则废”。

对任何一个大学生来说，要想顺利完成职业生涯，在就业前接受系统有效的就业指导至关重要。大学生就业指导应兼顾学生的个人追求与社会需要，以期进行科学的职业规划，合理地选择职业。大学生就业知识体系在于帮助大学生客观地认识自己的现有状况，科学地规划自己的职业生涯，并帮助学生做好就业前的准备，把价值观同知识的学习、素质的发展、能力的提高协调起来，把个人的追求与社会的需要结合起来。

因此，就业知识体系是就业视野里人才培养模式改革中重要的组成部分。综上所述，基于大学生就业视野下的人才培养模式改革，在培养内容的确定上是希望能培养以下三类人才：其一是通专结合的复合型人才。复合型人才的标准是知识广、能力强、素质高，既是通才又是专才。其二是具有开拓精神的创造型人才。创造型人才的特点在于拔尖和“标新立异”，想人所未想，为人所未为。其三是一专多能的应用型人才。应用型人才的价值在于其高超的技能，而其同一般工匠的本质区别在于其深厚的专业理论基础和独立解决难题的能力。

从严格意义上讲，这三种类型的人才并没有严格意义上的区分标准和非此即彼的绝对界限，现实生活中有时也很难加以准确界定，相互之间存在着重叠与交叉现象。虽然不同类型高校的人才培养目标规格是不尽相同的，但是人才素质的基本结构是相同的，是根据一般意义上的人才特点，从知识、能力、素质三方面对高校人才质量提出的标准。但就业视野下人才培养需要更加侧重于就业能力的综合化，对岗位的适应性，对职业生涯的前瞻性认识和实践，这就需要在改革中着重体现。

五、开展以就业为导向的“模块化”的课程改革

课程改革是就业视野下高校人才模式改革的重心。课程是基于目标导向，以诸要素为载体，通过一定的方式和手段使学生获得知识和技能的总体规划及其过程。教育内容需要课程作为载体实现培养目标的达成，这一概念包括以下三层含义：一是目标导向，即课程的价值，课程的应然取向。该导向源自课程的原创之意，渗透于课程的实施过程，体现在课程实施的结果之中，是课程设计之初务必明确的内容，具有定位、定向与定能作用。二是课程要素是实现课程价值功能的主要载体，既包括

承载知识和技能的载体，又包含载体本身所蕴含的智慧。其主要包括教师、学生、内容、场所、方法和手段以及工具等在内的、完成一门专业知识和技能的教学过程中所必需的一切资源。在组织构造上，是以课程实施为主线的要素资源系统，除此之外，学校内不再含有其他资源。三是规划和过程。课程组织与实施要求规划明确、规范有序、轨迹分明，是诸要素合理布置、凸显职能、确保质量、协调推进的过程。其过程既可以是对已有经验的传承，也可以是新知识或技能的创生。课程思想是随着人类社会教育的产生应运而生的。课程即社会改造。顾明远教授主编的《教育大辞典》[①]将课程定义分为三种类型：一是“学科”说，认为课程有广义、狭义之分，广义指所有学科的总和或学生在教师指导下各种活动的总和，狭义指一门学科。二是“进程”说，认为课程是一定学科有目的有计划的教学进程，不仅包括教学内容、教学时数和顺序安排，还包括规定学生必须具有的知识、能力、品德等的阶段性发展要求。三是“教学内容”或“总和”说，将列入课程计划的各门学科和它们在课程计划中的地位、开设顺序等总称为课程。传统模式下的课程内涵往往表现为一名教师、一群学生与一本教科书的单要素叠加或是基于过程的要素排列，在要素数量上，人们往往将课程要素等同于教师或教材，而忽略对其他要素资源的探究。基于这种思想观念的支配，课程建设也随之被简单化，“大师大楼大学”的传统办学理念。调查表明，大部分学生对课程的内容和课程的设置希望能进一步调整，使其更加应用和实际化。本研究针对课程改革进行了实证研究，并对课程模块化建设进行了实际论证和实验。模块化课程改革的实证研究——以学前教育专业为例。本研究以江西师范大学教育学院为研究对象，以学前教育专业为例，在充分

① 顾明远. 教育大辞典[M]. 上海：上海教育出版社, 1991.

调查研究的基础上，2016年开始开展“模块化”课程研究，并在课程与就业之间建立关联。

更新理念，重塑课程框架。本研究在课程的设计理念上，从人才的专业需求出发，根据就业岗位的要求，针对岗位核心业务能力进行教学与训练内容，设置课程和配备要素，在新的课程理念驱动下，江西师范大学学前教育专业全面改革了原有的培养方案，根据新的培养思路，重新设定了培养方案和课程体系。学前教育专业培养方案培养目标：本专业培养践行社会主义核心价值体系，具备“以德为先、儿童为本、能力为重、终身学习”理念，掌握丰富通识和学前教育专业知识，具有较高学前教育专业能力，拥有丰富的专业实践体验，能较好地胜任托幼机构、社区家庭、早教中心、大众传媒、卫生保健等部门的教学、管理、研究、规划、研发和咨询服务等工作的人才。

规则。第一，践行社会主义核心价值体系并贯彻党和国家教育方针政策，热爱学前教育事业，履行教师职业道德规范，具备较强的专业认同感。第二，具备一定的自然和人文社会科学知识，具有相应的艺术欣赏和现代信息技术知识；掌握一种外国语，具有终身学习与持续发展的意识。第三，尊重幼儿权益，以幼儿为主体关爱幼儿，尊重幼儿人格，富有爱心、责任心、耐心和细心，为人师表，教书育人，自尊自律，做幼儿健康成长的启蒙者和引路人。第四，掌握学前儿童心理发展和幼儿保育、教育的基本知识，理解学前儿童学习特点，了解学前教育政策法规。第五，把学前教育理论与保教实践相结合，突出保教实践能力；研究幼儿，遵循幼儿成长规律，提升保教工作专业化水平；坚持实践、反思、再实践、再反思，不断提高专业能力。方向介绍。学术型人才：具有系统的教育学与心理学方面的基础知识及扎实的学前教育专业的基础理论和知识，具有较强的科学研究和管理能力，掌握一种外国语，能较好地胜任托幼机构、社区家庭、儿童教育与康复、大众传媒、师资培训等部门的教育、管理、研究工作，为培养高层次研究型人才打下坚实基础。应用型人才：培养具有优良的教师职业道德，有较新的教育理念，热爱幼儿教育事业，掌握学前儿童身心发展特点及系统的教育保育理论知识，保教基本功扎实，实践操作能力较强，有一定的科学研究能力的幼儿园教师。同时为早教中心、儿童教育相关企业（如玩具、服装和食品）等培养实践能力强的规划、研发和设计人员。隶属专业类：教育学。主干学科：教育学、心理学。相近专业：特殊教育、小学教育。学位课程：学前教育学、学前心理学、幼儿课程理论与活动设计、幼儿卫生学、学前教育史、幼儿游戏与指导。学历：本科。学制：四年。学位：教育学学士。毕业最低总学分：160。课程改革的突出特点从课程设置上可以看出，课程的变化突出体现在：突出实践能力的培养。在课程设置中，增加了专门的通识课程，课程的设置和名称都体现了实际操作和实践能力的培养，增加专业实习的学分和考核，突出美术、音乐、手工、教学等综合能力。凸显专业特色。学前教育是专业性较强的专业。在课程的设置上，除了基础公共课之外，更多的是体现专业能力的培养。针对岗位，订单培养。

在培养方案里明确提出培养目标是能较好地胜任托幼机构、社区家庭、儿童教育与康复、大众传媒、师资培训等部门的教育、管理、研究工作，实践操作能力较强，有一定的科学研究能力的幼儿园教师。同时为早教中心、儿童教育相关企业（如玩具、服装和食品）等培养实践能力强的规划、研发和设计人员。根据具体岗位，细化能力分类，依托课程系统培训。

使之一毕业就能够很快地适应岗位。强化就业指导课程。在大一学期开设大学生职业生涯规划课程，之后开设就业指导课程，贯穿大学整个生涯。课程改革后就业情况的变化。在新的课程体系培养下，我们对入学学生进行了三年的跟踪调查，发现学生的综合素质得到了显著提升，更重要的是通过就业情况的调查，学生的就业结构和质量都有了显著的变化，在对用人单位的回访中，用人单位对毕业生评价极高，认为具有专业能力强、综合素质高、职业道德好等特点。实验组对毕业生就业情况进行了连续三年的对比，注：企业性质里国有企业指的是一个国家的中央政府或地方政府投资或参与控制的企业；其他企业是既不属于国有企业也不属于三资企业外的任何其他企业。一般是指私营性质的、个人股份性质的企业。三资企业是在中国境内设立的中外合资经营企业、中外合作经营企业、外商独资经营企业三类外商投资的企业。中等、初等教育是中、小学，幼儿园就业。党政机关狭义上是指中国共产党机关和国家行政机关。广义上包括党的机关、人大机关、行政机关、政协机关、审判机关、检察机关，也包括各级党政机关派出机构、直属事业单位及工会、共青团、妇联等人民团体。国家基层项目和地方基层项目是国家和地方出台的一系列优惠政策鼓励高校毕业生积极投身基层就业的项。三支一扶等等。从教育学院应届本科毕业生的就业单位分布情况可以看出，就业结构趋于合理化、多样化，就业质量不断提升，学生对于培养的满意度增加。实验证明，模块化的课程改革有助于提升大学生的就业能力，提升就业质量。通过课程改革的实证研究结果，本研究提出就业视野下模块化课程改革的思路。大力开展“模块化”课程改革、模块化课程改革的特征，模块化课程内容既有知识的教学内容，又有实践的教学内容，也包括不同学科的知识内容。它不追求知识体系的完整性，而强调所选内容的实用价值。不能认为模块化课程就是为了培养学生的某一思想信念，在模块化教学体系中，一项专业的能力（知识、素养）的培养可以由一个或若干个模块来支撑诸多的模块化课程的组合构成一个完整的素质结构图。学生所选的模块组合不同，其素质结构也不同。即便是同一专业的学生，由于所选学的模块不同其素质结构也不同，学生作为买方，学生根据自己的需要进行“选择”，学校要以开放的胸怀引入竞争机制，促进模块化课程市场的发展，并按“市场”的规则进行管理。学校的课程市场越发达，学生选择的余地就越大，就越能激发学生学习的动力和创造力。模块化课程改革的目标是改变过去专业教育模式单一、专业面狭窄的方式。建立通才教育与专业教育相结合，培养一专多能的复合型人才，变传统的知识本位为能力本位。第一，加强基础理论课程，培养大学生能够更好适应社会、经济与科学技术发展的基本素质，扩大知识面的基础课程，可以说基础课是专业人才的奠基，是保证高等教育特别是本科教育质量的重要环节。第二，加强文理工有机结合的课程。哈佛大学等著名大学在教学内容方面遵循的共同原则是：主修人文科学的学生，必须在自然科学和社会科学领域的课程中多选一些必修课程；主修自然科学的学生，必须在人文科学和社会科学领域的课程多选一些必修课程；而主修技术科学的学生又必须多学习一些人文科学和自然科学领域的课程，为尽快改变我国高等教育传统的培养模式造成的人才知识面偏窄、适应性不强的状况，要建立平衡合理的综合型课程体系，开设文理交叉课程，鼓励学生跨专业、跨系科选修课，把传授各类科学知识、培养创新能力、提高综合素质融为一体，使知识教育与创新教育达到统一，注重培养学生将各种知识融会贯通和创造性思维的能力。第三，开设综合课程。用集成的方法开设综合课程，是培养能迅速适应社会学生的要求。构建综合课程的目的是通过构建课程范围内合理的知识体系，解决学生的发展问题，帮助学生形成多角度的认知方式和整体思维，形成探究的态度。多种课程形态的结合，可以拓展学生的学习空间，有利于改变教师的教授和学生的学习方式，有利于学生的知识学习和实践能力的协调发展。世界许多国家的高等学校都十分注意发展各学科之间的联系，重新组合各种相近的学科，创立跨学科的边缘学科课程，如海洋工程学、环境工程学、材料工程学、地震工程学、交通工程学、商业工程学、教育工程学、机械制造策略和管理等。模块化课程改革的方法。模块化课程改革其中一个非常重要的理念就是打通通识教育的框架，拓展通识教育的口径，改革的路径就是在课程中拓展通识教育的外延，渗入创新能力培养的精神，根据这个理念，结合行业和岗位能力所需，进行课程开发，增加实践平台。在专业课程的基础上进行通识学科渗透。新中国成立以来，我国高校一直以“专业化”为发展的主导思想。这种“专业化”的培养模式，在培养专业人才尤其是应用型专业人才方面效率较高，但同时也存在着严重的弊端，主要问题是培养出来的人才知识面窄、不能适应社会的变化。进行模块化课程改革，就是要重视加强学生的基础素质，拓宽专业、学科渗透，针对高等教育过分强调专业教育而忽视大学生综合素质培养的状况，对人才培养方案和课程体系进行重新建构。如北京大学早在20世纪二三十年代，就已经有文理科互相选课的传统。20世纪80年代后期，北大提出了“加强基础，淡化专业，因材施教，分流培养”十六字教学改革方针。学校建设了一批鼓励文理交叉的校公共选修课，年月通选课正式推出。目前，课程数量已达到多门。

现在，通选课和学校原有的主干基础课一起，被一些老教授称为北大本科教育的两条生命线。有层次的细化课程目标为深化教学改革、全面推进素质教育，在课程目标的设定上，要根据学生的年级特征分步骤进行，倾向于低年级进行通识教育、高年级进行宽口径专业教育，在教学计划和导师指导下的自由选课。开设通选课程，通选课程的目的在于引导学生从本科教育的最基本的领域中获得广泛的知识。让学生了解不同学术领域的研究方法及主要思路，从而为能力和经验各异的大学生提供日后长远学习和发展所必需的方法和眼界。打通了原有的专业和学科分界，把现代学术与社会所需要的知识划分为几个最基本的领域，在这些领域以多学科交叉综合的方式开设一系列精品课程；通选课只对学生提出在每个基本领域选修的学分要求，至于选什么课，由学生在学分制约和教师指导下自主选修，以此在指导学生建构知识和让学生自由选课之间寻求平衡，引导学生主动学习，独立思考，全面发展，养成自我建构知识、能力和素质的本领，培养和探索精神。模块化课程改革的体系框架。这个系统要求教学科目的排列组合要有一定的结构。这个结构既要符合知识系统的科学性，又要符合学生的认识规律。课程体系是构建人才培养方案的核心内容，课程体系是否科学、合理，对高等学校高质量实现人才培养目标有着决定性意义。正因如此，优化课程体系是人才培养模式改革的重点与难点。模块化的框架如下：以专业知识结构为基础，专业方向平台构建了专业方向模块群和专业选修课模块群两个模块群。既能够让学生根据自己的兴趣、爱好、个性选择专业分流方向，又能够根据分流时经济和社会发展需要灵活自主选课，既体现了专业设置的灵活性和适应性，又体现了分流培养的个性。以通识教育为主线索。通识教育课程作为通识教育重要的载体，其设计的科学与否直接影响着创新型人才培养的好坏。

因此，完善通识教育课程设计，对培养创新型人才有着重要意义。在普通教育平台，设置人文社会科学基础与自然科学基础模块，加强思想政治素质、文化素质与身体心理素质的教育与培养。而在学科基础平台、专业方向平台上，除继续上述三方面的素质教育与培养外，在理论教学，特别是在实践教学中要更加重视专业素质、职业道德的教育与培养，加强实践环节。教育是通过特定的途径进行的，是教育者有目的、有计划、有组织地传授教育内容，完成教育任务，从而实现教育目的的过程。教育的途径除了教学、思想教育，还包括各种综合实践和社会实践。实践是实现教育目的必备的途径之一，也是就业视野中人才培养的重要途径。实践是对课堂教学的继承和扩展，其基本理念是突出学生主体、面向学生生活、注重学生实践、强调就业能力。强化专门的生涯教育课程和就业指导课程。大学生职业发展与就业指导、重点建设多维化的就业指导课程体系，就业指导课程是模块化课程中不可缺少的部分。就业指导是高校促进就业的有效方式，也越来越受到高校的重视。多维全新的就业指导体系是构建就业为导向的大学培养模式必不可少的部分，而且随着形势的发展，这部分显得越来越重要。在促进大学生就业中，就业指导课程体系发挥着越来越大的作用，在进行模块化课程改革中，就业指导课程的建设尤为重要。

个别学校还开展了贯穿四年的就业指导课分四部分：第一学年的“职业生涯规划”；第二学年“职业理想与道德”；第三学年为“系列专题”；

第四学年为专题教育报告及咨询，并启动卷面形式的统一考试，有严格的考勤制度及总评方法。以职业规划课程为线索，除了就业指导课程之外，职业生涯规划课程必须贯穿整个大学生涯。大学一年级又称预热阶段，主要是要使学生加深对本专业的培养目标和就业方向的认识，增强大学生专业学习的自觉性，培养学生的专业学习目标，并让学生初步了解将来要从事的职业为将来制定职业目标打下基础。要对自己希望从事的职业与自己所学专业对口的职业有初步的了解，提高人际沟通能力。可与师兄、师姐进行交流，尤其是向大四的毕业生询问就业情况来增强交流技巧。大学二年级要让大学生了解自身应具备的各种素质，鼓励学生通过参加各项活动锻炼自己的各种能力，鼓励学生参加兼职工作、社会实践活动并坚持到底，最好能在课余时间长时间从事与自己未来职业或本专业有关的工作，如参与学生科研工作，提高自己的责任感、主动性和受挫能力。增强英语口语表达能力和计算机应用能力，通过英语和计算机的相关证书考试，并开始有选择地辅修其他专业的知识充实自己；同时检验自己的知识技能，并要根据个人兴趣与能力修订个人的职业规划。大学三年级由于临近毕业，学校在指导学生加强专业学习、准备考研的同时，要指导学生把目标锁定在提高求职技能上，培养学生的独立创业能力。

如高校可以通过大学生素质拓展活动来锻炼学生独立解决问题的能力和创造性，鼓励学生参加与专业有关的暑期实践工作，加强同已毕业的校友联系，交流求职工作心得体会；学习写简历和求职信，加强了解搜集工作信息的渠道等。大学四年级是一个分化期，大部分学生对自己的出路应该都有了规划。这时可指导学生对前三年的准备进行以下总结：

首先，检验已确立的职业目标是否明确，前三年的准备是否充分。其次，有针对性地对学生进行专项指导，除了常规的就业指导课，比如可以聘请人力资源方面的专业人士为学生介绍各行业的人才要求，让学生接受择业技巧培训、组织参加招聘活动，让学生在实践中检验自己的积累和准备等。最后，指导学生充分利用学校提供的条件，了解就业指导中心提供的用人单位资料信息，强化求职技巧，进行模拟面试等训练，尽可能地让学生在准备得比较充分的情况下进行实践演练。必须以以上内容贯穿于学生的整个求学生涯，促使学生就业观的形成，增强择业能力和求职技巧。

目前，我国大部分学校的高校就业指导还停留在传授就业技巧、提供就业信息等层面上。据了解，近年不容乐观的就业形势已经让一些高校意识到，帮助大学生进行职业规划的工作应该大大提前，应该从大学一年级就应该作为重点工作来抓。“大学生职业规划应贯穿于大学四年”的理念应给予重视。职业规划是一项长期的工程，大学阶段的规划只是一个起步，高校应把此项工作作为高校教育的核心内容和重要手段，在各职能部门的配合下共同探索，以提升学生就业的科学性和实效性。以多样化渠道为途径，通过对用人单位的跟踪和回访，了解毕业生在工作单位的表现和单位的需要有针对性地提高实际工作中所需要的技能和动手能力。利用团、学组织和其他社团平台举办模拟招聘与训练学生，加强职业技能培训考证工作。并加强与各地各行业的就业服务机构开展合作。重视招聘会的组织和指导。在校内举行见面会的做法相当普遍，通过“走出去，请进来”，许多学校都请用人单位到校举办供需见面会，加强对毕业生参加这类见面会的指导效果非常好。同时，建立用人单位数据库加强沟通和联系，指导学生利用这些联系，组织学生到校外各地参加见面会。编印就业资料，举办就业讲座。几乎所有的高校都编写了各种就业资料，有手册、指南、情况介绍、办事流程等。有的高校还专门结合本校专业编写指导册，人手一本。

还有编印就业白皮书，内容包括就业、就业地区流向、单位流向、单位薪酬情况、用人单位供需比等。举办各种讲座和往届成功毕业生经验介绍会的做法也非常普遍并受到校方的肯定。发挥网络、通信等手段在就业指导中的作用。网络的就业指导应用越来越普遍，被调查的高校都建立专门的就业指导网站。有的做成论坛的形式，教师、学生、用人单位都可以在上面自由发言和探讨。此外开通手机短信服务活动，将需求信息、指导内容通过手机发给毕业生的做法也出现在个别高校中。但有的高校对网络进行了屏蔽，非本校学生无法看到。

以个性化就业咨询为补充。个性化就业指导是一种极为特殊的课程形式，区别于大班授课，由于其特质，成为高校常规就业指导必要的补充和有效的途径。所谓个性化的就业指导，是根据美国“职业指导之父”帕森斯在其著作《职业选择》中的论述：

“在明智的职业选择中，有三个主要的因素：一、清楚地了解自己，了解自己的态度、能力、兴趣、志向、限制及其原因。二、了解各种职业所需要的知识、各种职业中成功的必要条件、各种职业的利弊、报酬以及晋升的机会。三、对上述两方面做出明智的思考。”[①] 这被概括为“特性—因素”理论，也就是就业指导过程中的“因材施教”。所以，个性化

① 杨光富.弗兰克·帕森斯与现代学生指导制度的建立[J].贵州大学学报(社会科学版),2017(1).

就业指导是在针对全体大学生进行就业指导的基础上，采取一对一的形式，把人们当作他们本身历史的剧中人物和剧作者，以了解大学生的就业个性化需求，促进大学生就业的个性化发展。个性化就业指导具备以下四个优势：第一，指导层次更深入，内容更具体，在就业程序以及政策制度指导方面，个性化就业指导可以针对个人情况，有的放矢，给学生提供更好的帮助。而在求职技巧训练和心理辅导以及择业决策方面，个性化就业指导可以充分体现其个性化的优越性。江西师范大学就业指导室预约显示，要求个性化咨询的内容较为集中在择业决策和求职技巧方面，许多学生特意强调要求一对一形式，认为这样才能更具针对性。而针对就业心理调适，不分年级，学生的需求都很高，一对一的形式更能体现人性化，尊重学生的隐私性。第二，指导过程更系统，内容更广泛。个性化就业指导更适合对学生进行跟踪服务，可以针对特殊问题的学生"从一年级做起"、进行大学生涯全程指导服务的理念。同时，个性化就业指导不是单纯地为个体而进行的就业指导，个性化就业指导的基础是全体指导，在全体指导共性的基础上，针对学生的独特性要求，再进一步进行补充，不但满足群体或个体的就业需求，还通过就业过程中的反馈信息直接或间接地推动学校的教育教学改革以此达到对学生的全面培养，可以兼顾全体和全面性。第三，指导更具主体性，体现人性化、个性化就业指导的主要呈现方式就是一对一的指导，目前在有些院校已建立了专门的咨询室，室内布置温馨，来访学生与咨询老师单独交流，凸显学生的主体地位，能够进一步地了解学生的情况，从而更有效地解决问题。在交流的过程中，学生呈现的问题是全面的，立体的，很多来访学生在咨询就业问题中伴随着就业心理的表达，咨询老师可以在咨询中发现学生就业心理的偏差，根据了解的深入，能够准确地捕捉学生的问题本质所在，理性科学地帮助学生解决问题，促进就业。第四，指导形式更灵活，效率更高，除了面对面地指导，个性化就业咨询还可以通过电话、网络等形式，以平等交流、沟通、协商和启发式的教育，适应各种咨询者的需求，满足大学生比较追赶潮流的新鲜感，更易让学生接受。

另外，多种渠道的运用，可以突破区域限制，可以高效帮助学生发现问题，也可以灵活地促进就业工作。个性化就业指导因其优越性在就业指导领域发挥越来越大的功能，大力发展个性化就业指导对于整个就业指导体系的构建有其重要的战略意义，尤其是在高校推广有利于就业工作的开展。

六、制定以就业为导向的人才培养模式的策略

要实现培养目标，必须依靠人才培养策略，人才培养策略是完成人才培养目标、落实课堂教学而采取的一系列途径、方法和手段。培养策略是培养目标实现的有效保证。高校人才培养建设是国家、社会、学校三位一体的工程。提高教育教学质量是体系性、全局性、战略性问题，实现人才培养模式改革的构想，进而解决大学生就业难的问题，如何依靠策略进行培养是一个关键的问题。只有把怎么培养人这个问题解决好，才能促进改革的开展。加强市场对接，调整专业设置。专业是以学科为依托，根据社会职业分工的需要，分门别类进行人才培养的基本单位。有研究认为，专业处在学科体系与社会职业需求的交叉上；有学者认为，专业有广义、狭义和特指三个层面，广义的专业是指某种职业不同于其他职业的一些特定的劳动特点，狭义的专业主要是指某些特定的社会职业（这些职业的从业人员从事的是比较高级、复杂、专门化程度较高的

脑力劳动），特指的专业即高等学校中的专业；《辞海》[1]认为，专业是高等学校或中等专业学校根据社会分工需要而划分的学业门类；《教育大词典》[2]认为，专业是根据社会职业分工、学科分类、科学技术和文化发展状况及经济建设与社会发展需要划分的高等教育学生的各个专门领域；本研究认为，对社会分工而言，专业既指行业或职业的专门化特点，还指从业人员脑力劳动的专门化程度；对学校而言，专业是根据学科分类和社会分工而把学业分成的门类。高校专业设置是人才培养模式的重要标志，设置的基础是根据学科分工和产业结构的要求，这就从根本上要求专业要与市场保持对接，专业设置是大学对人才培养的基本单位进行发展性干预的方式，只有不断地根据市场和社会所需，积极调整学科和专业，优化结构，才能满足人才培养的所需。我国高等教育进入大众化阶段以后，高校的学科和专业建设出现了很多滞后现象，这也要求及时调整。在经济和教育都在转型的今天，高校需要通过课程和专业的调整为学生进入职场做好铺垫和准备，要高度重视市场对专业设置和人才培养的导向功能，高校要从宏观上把握国家和地区经济发展不平衡的特点，根据地方经济，在专业设置上可以倾向性地与当地人才所需定位结合，尽量避免专业和课程设置的高度雷同性。

经济的多元化和教育的大众化都要求培养目标和教育模式的多元化，在专业设置上亦是如此，根据经济发展的差异性，及时调整专业设置，多办特色专业，减少因为专业设置的雷同而产生的结构性失业现象。减少市场和社会需求量小的专业，跟上市场需求，扩展需求量大的专业，对于传统专业，可以采取创新的方式，在原有优势的基础上，增加与时

① 辞海编辑委员会. 辞海[M]. 上海：上海辞书出版社, 2001.

② 顾明远. 教育大辞典[M]. 上海：上海教育出版社, 1991.

俱进的技能培养，尽量通过“减少、扩展、创新”等方式，使专业设置科学化、市场化、合理化。专家认为，不同意设置的国家控制布点专业的原因主要有申报的专业在本区域内布点过多、申报的特殊行业专业缺乏行业部门支持、申报专业的办学条件不够。不同意设置的尚未列入目录新专业的原因主要有申报的新专业知识体系不合理，与已有的专业区分度低，有的已包含在已有专业范围内，没有必要增设，如北京交通大学申报的铁道与城市轨道工程；申报的新专业名称不规范、不合理，专家对专业归类存有异议，如中国传媒大学申报的演艺工程与舞台技术；申报的新专业培养目标、培养规格不明确，培养方案不合理，办学条件不完备，如北京大学申报的航空科学与技术专业。这就证明，国家已经在遏制部分高校盲目增设雷同专业的趋势了。同时，在专业设置上尽量增加应用型的专业，减少理论和研究性专业，在培养过程中，倾向学生的职业技能培养，提升学生就业能力。拓宽专业口径，优化专业结构在专业的设置上不仅要从供给驱动模式改为供需驱动模式，同时也要处理好专业的宽广性和窄专性的问题，培养就业型人才，就需要尽量拓宽专业的口径，在培养学生专业能力的基础上，增加自我管理能力和通用能力。在现代职场中，工作的变动和岗位的更换已经是一种常态，一是因为经济发展的变化速度，二是劳动者与岗位的匹配程度。大学生在寻求工作的过程中往往因为能力与岗位的不匹配而受挫，很大程度上是因为在培养过程中，专业口径过小，导致在能力结构上，主要集中于专业技能，能力过于专业化，不符合工作和岗位变化的节奏。要尽可能地使得学科向横向拓宽，向纵处延伸，加强学科与学科的交叉性。改变过去那种学科间界限分明、缺乏交流与融合的状况。通过市场发掘，“以学科为中心”教学模式，转变为“以问题为中心”教学模式，使以教师授课为主转变为师生互相交流为主，从重理论轻实践转变为强化技能训练。可以多成立多学科研究中心作为学科设置的补充，由各学科拔尖人员组成，以取得高水平的研究成果为目标，在专业设置之前做好专业设计、社会调查，尤其是要组织专家论证，进行专业设计，严格按照专业设置的程序，尽可能做到科学性。高校设置和调整专业要主动适应经济社会发展需要，加强专业内涵建设，将把优化学科专业结构作为提高宏观质量的重要措施，要求高校按照需求导向、条件保障、规模适度、持续建设的原则制订专业建设规划，提高人才培养质量。

突破管理陈规，灵活教学管理制度。大力开展选课制度，选课制，也称课程选修制。即允许学生对学校所开设的课程有一定的选择自由，包括选择课程、任课教师和上课时间，选择适合自己的学习量和学习进程。对于习惯了中小学课程（所有的课程由学校统一安排，而且科目从小学到高中有连续性）的大学新生来说，课程分类也比较复杂。以张扬学习自由为理念的人提倡自由选课制，他们认为学生对自己的选择能负起责任，强调学生的爱好和特殊才能应当在教育中受到尊重，主张大学应满足学生不同的要求和爱好，允许学生自由选课。也要求学校尽可能建设比较完备的选课系统，鼓励学生跨学校、跨院系选学专业和选修课程；鼓励有条件的高校之间实施学分互认、课程互选。实行弹性学制作为一种现代教学管理制度，允许缩短提前毕业或延长学生在校学习的年限。相对于学年制而言，它不仅包括对学习内容的自由选择，还包括对学习时间、学习进度的自主安排，从而拓展了教育在时间和空间上的弹性，尊重学生的学习差异，体现了现代高等教育的民主性和开放性。实行弹性学制对于我国高等教育的现代化以及终身学习社会的构建具有重要意义。为了扩大复合型人才培养的规模效应，同时保证教学质量，实行弹性学制，允许学生按照个人能力和个人的发展计划，适当延长在校的学习年限，自主安排攻读第二个专业。这一方面使文转理或理转文的学生易于调整他们的修读计划，另一方面有利于部分学生可以多选择一些感兴趣的课程改善他们的知识结构。可以使得学生根据自身需求强化能力。发掘导师制优势。导师制由来已久，早在19世纪，牛津大学就实行了导师制，其最大特点是师生关系密切。导师不仅要指导他们的学习，还要指导他们的生活。近年来，国内各高校都在探索研究生教育以外的高等教育也能建立一种新型的教育教学制度——导师制，以更好地贯彻全员育人、全过程育人、全方位育人的现代教育理念，更好地适应素质教育的要求和人才培养目标的转变。这种制度要求在教师和学生之间建立一种“导学”关系，针对学生的个性差异，因材施教，指导学生的思想、学习与生活。

加强实践环节，打造实践平台教育是通过特定的途径进行的，是教育者有目的、有计划、有组织地传授教育内容、完成教育任务、实现教育目的的过程，教育的途径除了教学、思想教育，还包括各种综合实践和社会实践。实践是实现教育目的的必备途径之一，也是就业视野中人才培养的重要途径。实践是对课堂教学的继承和扩展，其基本理念是突出学生主体、面向学生生活、注重学生实践、强调就业能力。当前高校重理论、轻实践，高校教育课程体系一般设置理论课与实践课两种课型。设置理论课主要是为培养学生的人文素养、专业理论和技术知识；设置实践课主要是培养学生的职业能力、掌握应用所学技能解决实际问题的能力。理论课一般包括通识选修课、专业课；实践课主要包括实验、实习等灵活方式。两类课程各自扮演不同的角色，共同为培养高技能专业人才服务。

但目前在高校教育的实践中普遍存在着这两类课程整合不科学、不切合实际需要、运作不创新，并没有很好地发挥培养高技能人才的应有作用的现象，仍然存在一些问题。例如“三段式”课程模式陈旧。“三段式”模式仍然是目前高校课程设置的普遍模式，即把课程分为基础通识课、专业课、实践课三大模块进行教学。这种课程体系布局仍然属于专业导向的“知识本位”模式。第一，课程内容以理论知识为主体。理论教学相对具有明确的规范和要求，而实践教学规范和要求则比较模糊，不甚完善，基础通识课与专业课占比很大。第二，课程实施仍以课堂学习为主，并没有重视社会实践课程的运用。全面和深入开展大学生社会实践活动是高等教育改革的重要组成部分，也是推进大学生素质教育、培养高素质创新型人才的重要途径和必要环节。高校的社会实践课程有利于帮助大学生在丰富多彩的社会课堂中认识社会、了解国情、接受教育、增长才干、锻炼品格，培养大学生的团队精神，提高大学生的文化素质和自身修养，使他们增强历史使命感和社会责任感。问卷调查表明学生对实践环节比较感兴趣，并且对实践课程产生的效果评价极高，但对目前实践课程数量不满意。强化社会实践，完善实践平台校内与校外结合，合理设置实践课程。实践教育的根本在于拓宽学生视野、培养其独立思考与创新能力。大学生社会实践活动和课堂专业理论教育是当代高等教育体系的两个基本组成部分。在高等教育中，社会实践作为课堂专业理论教学课程的进一步延伸和素质教育的重要载体，对于全面提高大学生的思想道德素质和科学文化素质起到了重要的作用，已经成为当代学生了解国情、服务社会、增长才干的重要途径和舞台。

大学生的社会实践活动是具有客观现实性的感性活动。在一定目的的支配下把思想、观念变成直接现实的对象存在，这与单纯的思想、精神活动是有根本性的差别的。大学生的社会实践力量是受其所处的历史现状影响的，每一时代的人都只是在继承前人的实践结果上开始自己的劳动和体验，在具体的活动中，大学生凭借自己的力量与自然和社会发生关系，这是认识的动力，也是认识的来源，更是大学生学习知识、认识真理性的唯一标准。合理地设置校内和校外相结合的课程，引导他们有规律、定期地参加社会活动，将所学的知识与实践结合起来，能让学生有效率地得到锻炼，提升社会适应能力。

以就业能力培养为核心，构建实践教学体系。实践教学体系的构建要从课内系统、综合性的实践课程，到课外的自助开放实验、贯穿学习全过程的专业素质拓展和校外实习相结合的培养体系。在构建的过程中一定要坚持培养社会需要的人才为目标，不同的专业根据专业人才培养目标和规格的要求，结合专业特点、分析本专业岗位群对学生知识、能力、素质的总体要求，突出具体的实践教学总目标，并分成各种子目标进行锻炼，力争培养学生的实践应用能力。大力加强课程设计、毕业设计等实践教学环节：重视实习教学，加强基地建设和教学管理。学校建立了实习教学评估制度和实习教学日常检查制度，加强实习教学管理。要充分利用当地优势，来弥补校内实践条件的不足，本着互惠互利的原则，充分发挥各学科专业的优势服务社会，在实习基地的建设上强调产学研相结合。

建立与社会实践课程相应的评估体系和奖励制度。任何课程和教学活动，都需要通过评分评估得出成绩。对于社会实践课程也应该有相应的特殊的评估体系和奖励制度。评定和奖励必须相对统一又具有弹性，评判标准是一个衡量尺度，如果没有一个统一的评分，就不能做出公正的评价，但是在评价上一刀切，势必就忽视了社会实践的特殊性和多样性，因此在制定评分标准中也要有相应的弹性，可以多次评分，综合得出结果，不断改进对社会实践的考核体系。在具体的社会实践考核评分中，可以采取具体的分数与五级评分制相结合，可以将成绩转化为五级评分制，或者进行答辩制。建设专职就业教师队伍，提升学生就业力。教师是一种需要不断发展和更新的职业，大众化高等教育的到来，对教师提出了很多挑战，教师与学生在变革中的一些矛盾和问题也随之而来。要搭建就业视野下的高校人才培养模式，对教师队伍也提出了变革的要求，专职就业教师队伍是高等教育改革中必须加强的力量，专业的就业指导队伍建设是促进就业视野里高等教育改革的重要环节，必须从教师的学术专业水平、职业知识和技能以及师德三方面加快就业教师队伍的建设。打造专业的就业指导教师队伍的重要性，帮助学生个人自我实现是教师专业化发展的要求之一。

高校就业指导工作的重要性在前文中已经做了阐述，并从调查中得知高校就业指导工作相对薄弱，学术对于就业指导的需求很高。在教育中，能否满足学校教育的需要，帮助学生自我实现正是教师专业化发展的体现之一。尤其是作为专业就业指导教师，工作职责之一就是开展“大学生职业规划与就业指导”的教学，在课堂上对学生进行职业规划的启迪，教授以规划的方法，并帮助其求职定位和行动，了解相关的法律法规，科学择业；除此之外，通过个性化就业指导平台或者举办和组织相关的活动，打造立体的就业指导体系，进行就业指导，最终的目的是让学生尽快实现自我价值，走向工作岗位，开始职业生涯，发挥人力资本的价值。因此从就业出发，帮助学生个人自我实现，提升就业能力，也是教师发展的一个要求和目标。教师是学生就业教学活动的主导者。教师接受社会的一定委托，在学校中对学生的身心施加特定影响，并由他们承担着人类文化的传递和新一代的培养的使命。教师职业是人类社会脑力劳动和体力劳动发生高度分化后的产物，随着经济的发展，教师在改造国民素质上的作用日益突出，教师在大学生就业中发挥的作用也越来越大。

教学是由教师的教和学生的学组成。在教育活动中，教师对学生的学习起着引导、规范的作用，对学生的学习方法、学习态度具有重要影响，在学生的世界观、人生观、价值观的形成中起着重要作用。整个教师队伍对于培养大学生的综合素质和提升就业力过程中发挥重要的主导作用。这就要求教师有良好的职业素养：教师首先要具有专业知识素养，教师的专业是教师职业区别于其他职业的理论体系和经验系统，作为一个专业人员，教师必须具备从事专业工作所要求的基本知识，主要包括普通文化知识、所教学科知识和教育知识，并形成合理的知识结构。这包括精深的学科专业知识、广博的文化科学知识、丰富的教育理论知识。其次，要有专业才能素养，教师的专业才能素养是教师在教育教学活动中所形成的顺利完成某项任务的技能和本领，是教师综合素质的最突出的外在表现，也是评价教师专业性的核心因素。这包括教学技巧、教学能力、教研能力。最后，教师素养还包括专业精神素养，这是指教师在教育活动中表现出来的兴趣、情感、态度、信念、价值观、自我意识等独特的情意特征和专业道德修养，主要包括专业道德、专业理想、专业情操、专业人格和专业自我。这是教师作为专业人员所具备的独特的心理品质素养。教师素养的高低对学生的影响很大，这贯穿在整个教学过程。教师在教学过程中传道授业解惑，就业教学与就业指导贯穿学生的整个大学生涯过程，教师在就业课程中传递着教师对学生的影响和表达教学力量。高校专职就业教师队伍力量薄弱，教师是大学生就业过程中的主要影响源。教师在大学生就业过程的影响是全方位的，从学生的自我的了解，到职业世界的探索以及到职业目标的设定以及求职的行动中，都深深受到教师的影响，专职就业指导教师队伍具备指导学生就业的基本知识，能够“资之深，则取之左右逢其源”，在就业指导的过程中，能够有针对性专业地解决学生的就业问题，并且因其专业才能素养，能够在教学实践过程中熟练运用专业知识和实际经验顺利完成指导活动。1952 年，国家提出要在高校设立政治辅导员；1953 年，清华大学、北京大学向当时的教育部提出试点请求（尤其是清华将南翔校长）；此后，不少高校建立了辅导员制度。辅导员主要做政治工作，是学生的“政治领路人”。到现在几乎每个高校都设置了专门的辅导员队伍，他们专职从事学生思想教育和行为管理工作，是学生思想政治工作的骨干力量，是就业教师队伍的重要组成部分，在大学生就业过程中也发挥了不可忽视的作用。

加强专业就业指导教师队伍建设的途径。加强一体化的专业培训教师职业发展有独特的规律，在入职之前要经过专业的教育，在我国通常是经历正规的师范类教育，教师行业有了改革，既放开了门槛又加强了教师专业程度，即非师范类学生可以通过编制考试进入教师行业，但必须有教师资格证，教师资格证的获得必须通过教育学、心理学考试，同时还要通过普通话等级考试以及说课，这就进一步通过严格的资格考核从而加强了教师专业程度。但除了职前培训之外，在知识更新如此迅速的今天，入职和职后培训也是非常重要的。要让教师保持专业发展的持续性，符合终身学习的理念。专职就业指导教师有不同于一般教师的特殊性，体现在教学的内容和方式都更贴近社会和市场。对中国大学生来说，“职业生涯”本身就是一个全新的名词，目前所接触到的大部分理论和内容都是西方舶来品，这也就要求任课老师加强终身学习理念，不断充实和更新自我知识结构。就业政策解读也是专职就业指导老师的重要内容，就业政策是不断变化和更新的，教师只有加强与时代接轨，才能更好地授之以渔。所以，就业指导教师队伍的建设尤其要加强一体化的专业培训，做好职前、入职、职后的一体化培训，保持知识体系的更新。

根据学科特点，充实教师队伍力量。我国高等教育大众化是在一个预先并没有太多准备的情况下启动的，而且发展迅猛，这就导致大量新入职的教师马上进入实际岗位，也使得这些教师专业成长之路往往并不能循着上述大学教师发展的常规过程。就业专职教师明确就业指导教师选拔条件，要以就业为中心，围绕专业建设和人才培养的需要，注重企业经历、海外背景、实践经验，突出强调就业教师队伍人才培养能力。加强队伍的培训，增强教师的创新能力。在教师的选拔程序上可以更为开放灵活，大胆引进优秀企业家等社会资源，为就业指导增加新鲜血液，企业家和相关专业人士有在一线工作的直接经验，为学生进行指导更有说服力，也更贴近现实。另外，学校专业就业指导教师也可以加强与社会的接轨，到企业或工厂进行实践和体验，尽量地扩展知识的外延，首先使自己成长为综合型人才。

七、重建以就业为导向的人才培养模式的评价机制

就业视野下的人才培养模式需要相对应的评价模式，过去单一、片面地对学校和学生的评价方式与现代高等教育的发展要求不符合，如何建立切实有效的评价体系是一个重要的课题。而人才培养本身是一项长远规划的历史工程，是一项难以一时测评效果如何的细致工程，更是一项关系到各类环节的综合工程。因此如何评价高校人才培养质量，是关系到大学人才培养工作实际，对以后工作开展具有深刻影响。

人才培养质量评价体系的必要性，人才培养模式实施后所反映出来的培养结果，反馈到社会，接受社会对人才培养质量外显特征的评价，即学校向社会输送的毕业生群体是否适应本地区社会、经济、科技、文化以及教育的发展的需要；反馈到学校自身，接受学校对人才培养质量的评价，即学校培养出来的毕业生群体的人才培养质量是否符合学校的专业培养目标的定位；当前，就业形势严峻，说明在某种程度上人才培养模式反映出来的培养结果与社会需求不相适应。高等学校的人才培养不能很好地适应社会的需要，即不能很好地为社会的经济、政治、文化的发展服务。因此，学校必须对现行的人才培养体系进行调整，使人才培养模式更加科学合理，变不适应为适应，变不协调为协调，更好地服务于国家的发展建设。现代大学人才培养在一定意义上与工业生产有类似之处，但大学人才培养毕竟不同于工业生产，大学人才培养有自身的特殊性。对于质量评价而言，工业生产自然有一套行之明确，并可操作的质量评价标准。

对于工业绩效也有较为规范的考核体系。然而，若挪用这一思路，将大学人才培养的质量高低、绩效大小以为存在一个规范标准，这无疑就忽

视了大学人才培养的特殊性，基于就业视野下人才培养模式的评价体系必须建立在对大学人才培养的特殊性质的了解和把握上，只有在这个基础上，才能建立起科学的评价机制。高等教育质量评估是20世纪80年代以来世界高等教育改革中最受关注的问题之一，也是人才培养模式改革中不可缺少的一部分。基于就业视野的人才培养模式评价必须要从“合格产品”到“用户满意”的思路上转变。高等教育人才培养模式评价的特殊性在明确评价与评估体系的重要性之后，如何建立科学的评估体系是高等教育改革新的使命，科学的评估体系必须建立在对人才培养模式特殊性的认识上。

大学人才培养模式质量评价的特殊性突出表现在以下三点。一是体现社会适应性。高校的社会功能体现之一就是培养出来的产品能够满足社会所需，因此，谈到人才培养模式的特性，其与社会的适应性是最突出的特征，因此，检验人才培养模式是否可行和有效，学生作为培养对象是否适应社会所需，是否能够促进生产力的发展，充分发挥人力资源的优势，是重要的检验指标。二是体现人的发展性。高等教育培养的对象是人，人的发展有其自身不可违背的规律，在培养的过程中体现出教育对象的个体差异性和发展不平衡性，因此，在评价的过程中自然就会呈现出标准的多元化，同时人作为一个个体，既有社会属性，又有自然属性，还是一个动态发展的过程，这就决定了评估是一个长期动态的过程。三是体现评价的多元性。

尽管这些特征具有西方主义的色彩，并不一定具有普遍适应性，但可以为我们勾画出现代人应该具备的素质的共性。从个体上，发展的不均衡性需要评价标准的多元化。从评价的主体上看，包含社会、学校和自我评价，每种评价主体的出发点都有所不同，在评价指标的制定上都各有侧重，这就导致评价在制定和实施过程中不可避免地多元化。我国人才培养模式评价的问题。我国人才培养模式评价活动起步比较晚，但由于采取协作攻关和边学习、边研究、边实践的有效策略，发展很快，但由于理论和实践的原因，存在着一些问题。重视结果性评价，忽视形成性评价。形成性评价是指在活动运行的过程中，为使活动效果更好而修正其本身轨道所进行的评价，形成性评价的主要目的是明确活动在运行中存在的问题和改进的方法，及时修改或调整活动计划，以使其获得更加理想的效果，形成性评价的着眼点放在过程评价上，因此成为现代教育评价的重要课题和现代模式评价的发展趋势。结果性评价即强调学习结果和培养结果，过去的评价倾向于结果性评价，忽视评价的反馈功能，过于强调结果对高等教育的发展有错误的引导，因为人的属性是发展性的，重视结果性评价是不科学的。

重视宏观问题评价而忽视微观问题评价。一直以来，高等教育的评价主体是政府，主体的属性和特征导致在评价过程中重视宏观高度，而忽视微观领域。在进行评价的过程中，由于学校设备、教育条件以及校长和教师水平不同，学校与学校、教师与教师、学生与学生之间都存在差异，过于强调宏观，无法把握评价过程中的一致性和灵活性，很难掌握高等教育发展和改革的真正进程和方向。重视评价指标而忽视整体性评价。在评价过程中，为了更加科学，使教学模式更加有效地实施，要求评价者对所评价的事物做出可能性的预测，以便对症下药，采取可行的措施，使新的计划能在原有的基础上得到有效的实施，这是让评价更加科学的一种方式。但在过去的评价中，很注重用评价指标去评估细化每项工作，根据完成的既定目标去进行评价，这种评价对象在多评估团体之外，与评估团体关系不紧密，评价比较绝对。重视评价指标，一方面可以让评价更加具体化可测评化，另一方面，忽视了评价对象的整体性。注重定量评价而忽视定性评价。只有定性分析而没有充分的定量分析工作，定性评价就会给人过多的模糊感觉，“基本上”“差不多”“大概是”之类的模糊用语对于人才培养模式的评价作用有限，无法保证评价功能的实现，定量分析作为定性评价的有效补充是很有必要的。

同时，也不能只有定量评价而无定性评价，因为在人才培养的过程中有许多因素是无法用数字表达的，不量化的东西硬要去量化反而远离了科学。因此，在人才培养评价过程中科学地安排定量分析和定性分析是非常重要的。但在过去的评价中，犹如过去追求量化标准和打分排名，导致评估注重定量评价而忽视定性分析的评价。基于就业视野下，我国高等人才培养模式评价的构建随着评价理论与实践的发展，基于就业视野下，我国人才培养模式评价应该呈现以下特征：在主体需要上将国家评价、社会评价和个人评价有机结合起来。评价主体的单一化会导致评价结果的偏差，因为评价主体代表不同的价值主张，如果国家评价更多地站在人的社会属性，社会评价侧重人才对社会生产的促进以及社会的适应度，而个人评价主张的是个人价值的社会化实现。因此，要科学地进行人才培养模式评价，三个评价主体必须有不同的评价系统，并且在不同层面上以不同角度开展评价。中国传统文化的一个显著特征就是注重社会价值而忽视个人价值。在进行市场化改革的今天，我们既要重视依据社会需要进行的评价，同时，也应该承认个人价值，将其有机统一起来。国家评价作为官方评估，可以站在国家发展的角度，组织官方队伍对人才质量进行专门的评估，结合社会和市场的评估，可以使评价更加科学、客观、公正。在评价方式上将形成性评价与总结性评价有机统一起来。人才培养模式的评价主要是对培养人才给予价值上的判断，以提供信息改进的资格证明。它在人才培养中发挥着多方面的功能，从整体上调节、控制人才培养活动的进行。它具有诊断功能，能否发现培养过程中存在的问题和不足，判断失误、缺陷和矛盾等，促进教育活动改进；具有反馈调节功能，可以提供人才培养信息，以便确保活动顺利开展；具有区分和鉴别功能，通过评价，可以区别、鉴定组织和方案等对象各方面的优良程度，确定其价值的大小，衡量其是否达到应有的标准；具有激励的功能，由于评价结论往往直接影响评价对象的形象、名誉和地位等，评价能够激发被评价者的成就动机，对整个人才培养有监督和控制作用；具有导向功能，评价是根据一定的价值标准进行的判断活动，评价者以国家、社会或个人的价值和需要出发，设计评价指标和评价系统。这个过程就是价值主张的伸张，通过评价，在过程中得到反馈可以及时调整评价者的方向，把其导向正确的价值方向。形成性评价是注重过程的评价，总结性评价是事后的评价，是在活动后为判断其效果而进行的评价，是对人才培养结果做结论性的评价。因此，从评价的功能上看，必须在评价方式上，不仅注重形成性评价，还有结合总结性评价，发挥各自的优势，使评价更为科学。在评价内容上将宏观评估与微观评估有机统一起来。高等教育人才培养模式的评估，正如前文所言，因其特别的属性，必须建立在宏观与微观相结合的基础上。微观的评估是基础，主要对专业的评价、教学评价以及学生学业成绩甚至是课程的评价上。而宏观的评估主要建立在培养目标是否达成之上。

从目前来看，我国对人才培养模式的宏观评价已经比较全面，而在微观领域，由于评价本身的复杂性，在理论与实践上的经验都是不够的。从总体上讲，普通高等学校教育评估主要有合格评估（鉴定）、办学水平评估和选优评估三种基本形式。各种评估形成应制订相应的评估方案（含评估标准、评估指标体系和评估方法），评估方案要力求科学、简易、可行、注重实效，有利于调动各类学校的积极性，在保证基本教育质量的基础上办出各自的特色。重点是思想政治教育、专业、学科、课程或其他教育工作的单项评估，基础是经常性的教学评价活动；高校内部评估的目的是“通过自我评估，不断提高办学水平和教育质量，主动适应社会主义建设需要”。因此，宏观评估和微观评估的共同点就在于提高教育质量和办学水平，应在此前提下更加有机地统一起来。重视对高等教育评估分类和模式的研究，将定量和定性方法统一起来，不同的评价主体评价的内容是不一样的，要在评价过程中重视依照评价主体不同而建立不同种类的评价模式，建立一个立体化的评价体系。重视第三方中介机构的评价参与，第三方社会评价主体的参与，可以完善评价体系，使评估分类更丰富，评价的视角更加全面，从社会发展的角度更加全面地对人才进行评价，让评估体系多层次化、全面化、客观化。同时要结合定量分析和定性分析方法，来建立专业的评价体系，详细地对专业定位、人才培养目标和规格以及教学计划在定量的基础上进行定性的评估。建立学校与学校之间的对比评价体系，通过横向的对比，可以发现自身在人才培养的过程中存在的问题和缺陷，加强校际的联系，打通校际评估体系平台，使人才培养质量信息良态发展。

第二节　人才培养模式改革的外部环境优化对策

中国高等院校的内部发展与外部环境之间有必然的联系，要寻求高校人才培养模式。改革的协调发展模式，必须遵循事物的内外发展规律。大学体制在内的教育体制是社会体制的一部分，如果没有深刻或者实质性的社会环境支撑，高校教学模式的改革将会阻力重重。目前，高校人才培养模式功能的发挥存在着体制性的障碍，这与教育的外部环境息息相关，这些体制性的障碍严重影响高等教育功能的优化。因此，大力推进就业视角下的高校人才培养模式改革，既要突破现有的障碍，又要优化教育外部环境，建立高校、社会、政府、市场、舆论一体化的系统工程。

一、当前高等教育功能优化和协调存在的体制性障碍

高等教育市场化是当今世界各国高等教育的基本发展趋势之一，高等教育市场化行为也越来越成为人们关注的热点问题。高等教育调控有政府调控和市场调控两种方式：政府调控高等教育的手段主要是行政、规划、法律、经济、评估、信息服务等；市场调控高等教育的手段主要是高考分数、学费、文凭、学业成绩、大学毕业生起点工资等。高等教育调控无论是政府缺位还是“市场”缺位，都会导致高等学校反映“社会期待”的失真，从而成为高等教育功能优化和协调的体制性障碍。中国高等教育市场调控的作用体现不明显。首先是高考分数信号功能的“市场”缺位。随着近些年高考改革，各省高考的录取分数不同，录取情况也各不相同，这就使高考市场的信号失去意义。其次是我国学费信号也失去了意义，由于各地政府对学费统一得过死，不同水平高校的学费拉不开距离，

致使学费难以在高等教育供求中发挥作用，使得中国高等教育调控实际上存在着学费信号功能的“市场”缺位。最后是文凭和学业成绩信号功能的“市场”缺位。由于中国人才市场发育不全，管理也不够完善，大学毕业生就业竞争在很大程度上成为“人际关系”竞争，文凭和学业成绩信号功能发生扭曲，找工作很大程度上是在找关系，因此，中国高等教育调控实际上存在着文凭和学业成绩信号功能的“市场”缺位。要弥补中国高等教育调控的“市场”缺位，必须进一步深化高等教育体制改革，克服政府行政调控过多过死的弊端，让市场在高等教育办学中产生调控作用，让高等教育的办学者和求学者能凭借真实可靠的市场信号来正确反映“社会期待”，让市场产生需求，学校满足市场，从而促进高等教育功能优化和协调。

高等教育投资主体的“企业”缺位。高等教育投资主体主要有求学者及其家庭、政府、企业、高校、社会团体，其中求学者及其家庭、政府、企业是最主要的三大投资主体。因为他们是高等教育投资的主要受益者。当前，中国高等教育投资主体出现了“企业”缺位。与中国私立高校办学不一样，西方的私立学校办学主要来自企业资助，以哈佛大学为例，企业、组织和基金会向学生发放各种奖、助学金，以鼓励学生学习或帮助他们解决财政困难，支持其顺利完成学业，他们的企业对高等教育的资助比中国的企业多。更重要的是，在西方发达国家，企业普遍把资助高等教育当作他们的社会责任和社会义务，企业派代表在高等学校董事会中任职，直接参与高等学校办学。在中国，高等学校董事会制度不够健全，除独立学院外，企业没有参与高等学校办学的其他渠道。这就使得中国高等教育投资主体出现了“企业”缺位，致使企业对高等学校资助的渠道不畅、规模过少。随着我国教育、科技体制改革的不断深化，全国各高校结合自身的条件，相继办起了许多与高校教学、科研、后勤服务相关的校办企业。这也是企业办学的一种思路，要打破中国高等教育功能优化和协调的体制性障碍，必须把企业资助高等教育和参与高等学校办学的社会责任纳入现行企业制度建设之中，使企业真正成为高等教育投资主体，使每个规模的企业真正成为大学生实习基地，使高等学校与企业真正成为相互支持、相互促进的盟友。高等学校自主办学评价、监督的“裁判缺位”。高等学校在获得办学自主权的同时，也必须承担相应的责任，其中最主要的责任就是培养高质量的人才，提供高质量的科研成果和社会服务。要想达成这个目标，办学评价必不可少，客观的办学评价需要合适的评价者，更需要一个中立的监督者。评价和监督的原则必须真实和客观，如果评价和监督者角色一致，那么评价很难客观，评价也会失真，监督角色也很难胜任，从而阻碍高等教育功能的优化和协调。目前，中国高校办学评价和监督出现了角色一体化，评价和监督者都是由政府教育行政部门担任，“裁判”缺位。高等学校有些办学评价研究人员和机构自行设立评价指标，对一些高校办学进行评估和排名，由于评价指标各异，评估结果不尽相同。这种评价虽然弥补了人员和机构没有法律授权，其权利、职责和义务缺乏相应的法律规定，其评估的合法性值得怀疑。因此，这种评价难以真正弥补高等学校办学评价和监督的裁判的缺位。合理裁判问题的解决必须依托立法机构成立高等学校办学监督专业委员会，负责处理教育事故以及评价和评级等相关事件，由第三方中介对高等学校办学实施经常性监控，定期公布监控情况，提出整改意见，公布整改成效，为高等学校正确反映“社会期待”，努力提高高等学校办学质量和水平，提供专业组织保障。三大缺位的存在，与高等教育人才培养与社会所学错位有必然的联系，要进行人才培养模式的改革，促进大学生就业必须优化外部环境，协调和提升教育的功能。

二、优化外部环境，协调教育功能的意义

办人民满意的教育的必然要求。教育作为有组织、有目的地引导和优化学习、促进人的社会化和开发人的智慧潜能的社会活动和服务体系，是社会的产物，又以自己特有的活动和体系服务于社会。教育以人为直接服务对象，而人又是社会的主体。人的生存和发展需要教育，因而社会的延续和发展也需要教育。一定的社会对人的发展有特定的要求，人对这种要求的反映使人产生了现实自身存在和发展的需要，从而构成了教育发展的依据。教育在服务人的同时也在服务社会，这种作用使教育具有按一定社会要求来满足人的存在和发展需要进而影响社会的功效和能量。中国正面临着全面建设小康社会实现中华民族伟大复兴的时代使命，教育寄托着国家的繁荣、民族的兴旺、人民的幸福等光荣和神圣的使命。教育是完成这一时代使命的智力基础。教育决策者、教育工作者和受教育者只有共同促进教育功能的优化与协调，才不辱使命。促进教育功能的优化与协调是顺利完成这一时代使命的必然要求。因此，促进教育功能的优化与协调是具有普遍意义的价值观。

当前，中国教育还存在着许多问题，人民对教育还不大满意，促进高等教育功能的优化与协调是办人民满意的教育的必然要求，也是教育改革的必然途径。是教育服务经济、促进就业的要求。教育作为特有的社会活动和服务体系，随着社会的出现而出现，随着社会的发展而发展，

社会发展的阶段性和连续性赋予了教育以阶段性和连续性。现代教育大不同于古代教育，古代教育具有阶级分化性，而现代教育具有阶层融合性，古代教育面向人的片面发展而现代教育面向人的全面发展，古代教育与生产劳动相分离而现代教育与生产劳动相结合，社会发展阶段不同，社会对人的发展的要求会有所不同。这使得作为教育依据的社会，期待在一定社会发展阶段具有确定和参考价值。培养人力资源，促进大学生就业是高等教育经济功能的体现。坚持教育功能优化和协调的动态观要求我们不断认识社会主义现代化建设对教育提出的社会新期待，不断认识反映社会新期待的个体求学的需要、学校办学的需要、政府发展教育的需要、毕业生就业的需要、企业雇用的需要、政府推动就业的需要，并以此为基础，遵循教育功能内部过程和外部过程的基本规律，不断更新和完善教育模式，不断改进和优化教育行动，不断促进人的发展与社会新期待的契合，不断提高高教促进经济的可靠性、实用性及其传递的流畅性，不断推动就业和人力资源优化配置，从而又反作用于教育功能的优化和协调。

教育作为特有的社会活动和服务体系，是人类的发明与创造，承载着人的智慧、情感、意志、勤劳和追求。人的天赋赋予人认识世界的巨大潜力，人的实践赋予人改造世界的巨大潜力。尽管社会期待向教育文本、教育行动、人的发展的转化，毕业生身心发展向认识和改造社会力量的转化，反映毕业生身心发展的教育信号向配置人力资源机制的转化，都因主客观条件的限制而具有不确定性。但是，教育总是在人的掌控之中的，人认识和改造世界的巨大潜力使得人有可能降低和减少这种不确定性。因此，只要通过努力，教育功能的优化和协调就可以达成，也必然会促进教育改革的发展。

三、就业视角下人才培养模式改革外部环境优化的对策

转变政府角色，落实高校办学自主权。大学如何治理？大学该谁治理？一直是高等教育讨论的焦点之一。一般情况下关于高校治理，过去一直强调学校与政府的配合，以及自上而下的管理，强调政府在管理上的主导性，一度导致高校在管理中主体错位。教育界把尊重高校办学自主权提到了很高的位置，提出“大学自治”的概念。

“大学自治”指的是大学对于校内事务具有相当的决策权、执行权和奖惩权。而学术自由是大学成员为学术目的和学术价值而享有言论、教学、发表及出版论著等自由权利。大学自治是确保学术自由的重要手段，而学术自由是大学自治的具体表现。大学自治明确地提出政府在管理上尊重高校办学自主权，提出要求降低政府与社会对学校活动的干预程度，高校要独立处理学校内部的事务，包括制订相应的人才培养目标和模式。过去政府对于高校事务管理过多，导致高校的办学积极性不强，尤其是在培养目标以及招生分配上的统一管理，高校无法决定培养计划和培养内容，也没有招生自主权，包括招生计划也不是由高校自主根据学校的具体办学实力和规模提出，都是由政府统一分配计划。过去学生的就业分配也是由政府统一统筹，高校在自主权上基本空间很小，教育的发展和国际化都受到限制。随着社会经济的发展，取消了由政府统筹高校毕业生分配，取而代之的是自主择业，双向选择，如果还是过去政府高度统管的状态，很显然与时代发展不符。随着经济和我国的高等教育改革的推进，高校在自主治理权上有一定的发展，社会和高等教育的关系越

来越紧密，对教育的期望值和期望方向也有一定的改变，大学在科技和经济发展方面的作用也越来越大。一方面，企业希望能够引进高校的科技资源，并转换为生产力，开展科学援救，开拓新的产品，并且为其提供适应企业发展的人力资源。这无疑是高校与社会和市场接轨发展的一种驱动力，它要求高校能够及时把握市场和社会各个方面的需求信息，并积极主动地根据不同行业和不同时期的不同需求，对人才培养方案做出积极调整，这样培养出来的人才能够符合实践领域的要求。另一方面，高校要改革和发展，其内驱力和外驱力是一股合力，推动高校朝着时代所需的方向发展，要建设就业为导向的人才培养模式，本身就是一场时代的革新，需要高校在高度自治的情况下，才能开展。

要促进人才培养模式的市场化改革，营造良好的外部改革环境，促进大学生就业，政府需要改变思路，从以下几方面入手，真正落实高校自主权：从命令者到指导者的转变。政府与大学之间要改变以往的关系，首先要从以往的行政命令者到行政指导者的改变。政府与学校可以达成一种非强制手段的新的管理方式，可以在行政管理目标上相互协商达成一致意见，建立新型平等的关系，这就可以在高等教育与政府关系中争取到必要的决定权，倘若意见不一致的情况下，以之前协商的共同目标为标准，政府可以从以往单纯的行政指令中解脱出来，更多地注重自身的责任和形象建设，提高行政绩效。从办学者到支持者的转变。我国公立学校都是由政府出资，政府掌握着学校的经济命脉，政府直接的身份是公立学校的办学者，这样的身份使其在高校发展中起着决定性的影响力。政府可以采取变革化的拨款方式，引进成熟的中介组织，即不同于政府以及高校之间的第三方，带有半行政半官方的民间组织，主要可以在咨询、审议、评估和监督方面发挥重要作用，如21世纪初的英国的大学拨款委员会即为这样的组织，他们承担了替代政府管理大学的责任，作为第三方，在很多方面缓冲了政府与高校对学校管理中的矛盾和冲突。对于目前我国社会的外部环境来说，高校不可能离开社会和政府办学，学校自主办学又必须要有健康有序的竞争市场，政府应从办学者到环境的支持者，努力为高校的健康发展提供有利的外部保障，规范教育市场，健全相关法律体系，保障畅通的教育信息交流网络等方面。在就业化高校人才培养模式的推进中，社会资源尤其是企业资源的利用非常必要。我国高校与市场严重脱节，社会资源利用率极低。从我国国内的情况来看，虽然教育与生产劳动相结合是我国教育一贯坚持的原则，要求高校加强与社会各界的联系，发挥职业界在高校人才培养中的作用，例如，2021年《中共中央关于教育体制改革的决定》明确指出："教育管理部门还要组织教育界、知识界和用人部门定期对高校的办学水平进行评估，对成绩卓著的学校给予荣誉和物质上的重点支持，办得不好的学校要整顿以至停办。"但是事实上在市场经济体制建立以前，我国高校封闭办学的现象非常严重，高校与企业界的直接联系非常少，企业界对高校人才培养几乎没有什么直接的影响。市场经济体制建立以后，人们开始认识到加强高校与企业界联系的重要性和必要性。我国著名的高等教育家潘懋元教授曾指出："为了适应市场机制，高教管理似有必要向社会开放，吸收社会人士、企事业家参与高校以及地方教育的咨询与决策。"① 之后，高校与企业界之间的联系有所加强，产学研结合成为20世纪80年代以后我国高等教育改革的方向和重要内容。不过，这一时期的产学研相结合的着眼点不是为了提高高校人才培养与劳动力市场的对接，而在于解决高校的科研成

① 潘懋元. 应用型本科院校人才培养的理论与实践研究[M]. 厦门：厦门大学出版社, 2011.

果的转化和高等教育经费筹措等问题上，企业界对高校的人才培养影响很小。从我国高等教育的评估来看，我国高校的专业和课程设置与评估、高校办学水平与人才培养质量的评估等基本上都是高等教育系统内的专家学者讨论决定的，很少有产业界的代表参与。这不利于产业界对人才需求数量、结构和规格的要求和意见能够及时反映到高等教育的发展与改革决策中，从而影响高校人才培养与劳动力市场的对接。我国应该借鉴国外的一些先进经验，在高等教育的管理中，引入产业界的角色，建立专门的评议机构，从不同于高校和政府的角度提出专业设置、办学理念、管理方式等思路，充分发挥第三方对高校的参与管理作用，同时，鼓励企业进入高校，为学生开设一些与职业有关的课程，对学生的职业能力进行培训，以及对部分课程的学习效果进行评估等。加强高校与产业界的联系，提高企业家在高校管理中的作用。1999 年联合国教科文组织在发布的《21 世纪的高等教育：展望与行动世界宣言》中提出："高等教育应加强与职业界的联系，让职业界的代表参与高等院校的管理工作，不断为师生增加国内和国外当学徒和边工作边学习的机会。职业界和高等院校之间要进行人员交流，紧密结合生产实际，修改课程。"为满足工作需要，高等教育系统和职业界应当共同制定和评估学习过程，衔接性课程计划以及以前学业进行评估和承认计划，使之融合于理论与培训之中。

从国际比较的角度来看，在英国，企业家在高等教育人才培养的作用非常显著，而我国在这方面做得略显薄弱。为了加强高等教育与就业的关系。政府资助这些活动的目标是确保所有完成学业的大学毕业生更好地为职业生涯的特定要求做准备，培养学生的迁移技能。在这些高等教育创新活动和高等教育发展活动中，职业界发挥着极其重要的作用。政府将活动的主题向社会公布，并邀请雇主和雇主组织进行“商业竞标”。竞标成功的雇主或雇主组织与政府和高校签订协议，由雇主和雇主组织负责课程内容开发、实施与效果的评估。政府给予这些雇主和雇主组织一定的经费资助。而高校作为合作方，通常会鼓励雇主们为本科生提供工作实践机会，也鼓励他们对本科生的学术课程和工作经验部分进行评估。

第三节　我国高等教育的战略定位与战略目标

我国的高等教育具有两重身份，既集聚了我国顶尖的高等教育资源，又是区域人才与科研成果的供给者，不仅肩负着为我国建设高等教育强国、世界一流大学、一流学科的重任，还要为区域经济社会发展提供有力的服务。所以，在我国高等教育一体化改革中，要树立创建世界一流大学的战略目标，在调整区域高等教育结构时，要明确最大限度地服务和引领区域经济社会发展的战略定位。只有坚定这样的目标与定位，我国高等教育的一体化协同改革才是良性的、长效的。

我国区域高等教育一体化协同发展的具体目的有两个：一是形成区域经济社会一体化发展服务的长效人才供给机制，二是借经济领域产业转型升级与转移的机会改革优化区域内高等教育自身的结构。高等教育培养人才应面向社会的需求，关起门来谈教育只会使高等教育丧失其作为社会子系统的功能，最终走向灭亡。高等教育人才培养、科学研究与服务社会的三大功能的共同指向都是经济社会的发展，经济社会领域的重大变革必然要受到教育领域的高度重视，高等教育需紧跟时代需求及时调整自身的姿态，投入到服务经济社会发展的角色之中。区域经济社会要向一体化方向发展，教育也就要相应地调整方向，向一体化道路前进，以更好地满足经济社会的需求，更好地发挥其社会功能，同时永葆自身可持续发展的活力。

我国高等教育在经历了1999年的扩招以后步入了大众化的阶段。在高等教育规模急速扩张与各高校扎堆开设社会急需专业的现象中隐藏着高等教育在市场经济浪潮中发展的盲目性与滞后性，导致现在凸显的“千校一面”“红黄牌专业”“结构失衡”等问题的出现。目前，我国经济发展与高等教育规模都相对稳定，但是“用工荒”与“就业难”问题同时存在，这就不得不提醒我们思考在规模既定的情况下如何通过优化高等教育内部结构来更好地为经济社会服务的问题。现在我国处于全面深化改革的攻坚期，经济领域的产业转型升级全面展开，高等教育领域应趁此机遇及时研究自身问题，在服务经济转型升级的同时解决好自身的发展问题。我国区域的发展是在上述国家背景下展开的，要充分把握国家给予的政策优势，实现经济领域与高等教育领域的全面优化改革。

第四节　协同发展战略的原则、维度与方向

一、我国高等教育协同发展的原则

我国高等教育一体化发展的原则有两个层次：一是以经济社会发展方向为导向优化高等教育资源配置、调整专业结构；二是遵循教育系统论中的系统结构模型，分层次、分类别地优化区域内高等教育内部结构，明确不同层次的任务与分工，实现高等教育的分类发展。

二、我国区域高等教育协同发展的维度与方向

我国区域高等教育要实现一体化发展主要需要分三个维度与方向进行调整，纵向上要从专业的角度着手高校内部的结构优化，切实做到赋予高校更大的专业调整自主权，对不被社会经济需要的专业要及时置换，对社会急需的前景较好的专业可在充分调研的基础上给予更宽松的开设机会，合理预测需求量与规模。横向上要引导同科类不同层次高校之间展开广泛的合作，由不同高校发挥各自的优势，提供科研团队、技术支持、试验场地与人员、资金支持等，共同完成高等教育课题的研究，充分发挥各种资源的最大效用。深度上要始终以加深高等教育与经济社会需求的契合度为标准，来审视高等教育中出现的问题，把高等教育的人才输出与社会经济的人才需求紧密联系在一起，这样才能保证区域高等教育一体化与区域经济一体化同步前进。

第五节　实现高等教育协同发展战略的具体路径

一、构建我国高等教育协同发展一体化生态系统

自然界总是拥有神奇的力量，生态系统的动态平衡机制总是让人叹服与模仿，社会中人为创造的任何系统都与自然界的生态系统有许多相似之处，这些社会系统出现问题时总能从生态系统中得到启发与帮助。高等教育作为社会的一个子系统，用生态系统的动态平衡机制来指导，会使得变革与调整事半功倍。

我国的高等教育起步较晚，新中国成立后最初仿效的是苏联的高等教育制度。从 1977 年恢复高考至今，不断学习西方的成功经验，截至 2023

年6月，已发展成为拥有3254所高校的庞大的高等教育系统，我国也于2002年步入了大众化教育的阶段。持续高速的发展与行政指导的作用使得我国的高等教育出现了学校同构、专业同质、科类求全、水平相似的问题，院校处在相近的生态位上，发展空间有限，资源消耗过度。高等教育的生态结构呈现出过度依赖外部资源、内部平衡性差、动态调整机制欠缺的特征，这些都是需要改革与调整的内容。高等教育系统论正是将生态系统理论应用于高等教育领域，用系统的动态平衡来衡量高等教育发展的状况，当高等教育系统外部环境发生巨变时，高等教育需要从系统内部的管理结构、形式结构、层次结构、科类结构、教师结构、专业结构、布局结构等角度重新审视自身，从而做出相应的调整以达到新的动态平衡，保持系统长久的生命力与竞争力。

现阶段我国的高等教育领域步入了全面深化改革的重大历史时期，我国区域的协同发展成为国家层面的战略之一。笔者经过深入思考，认为调整京津冀区域内高等教育结构，构建我国一体化的高等教育生态系统结构，增强高等教育系统与外部环境的协同性是解决问题的关键。通过我国高等教育一体化生态系统的构建，要实现区域内高等教育资源的高效率利用，要增强区域高等教育与区域经济社会发展的契合度，要促进高等教育人才培养，科学研究与服务社会功能的发挥，要为区域高等教育全面深化改革创建坚实的系统结构。我国高等教育协同发展一体化生态系统管理结构的构建。目前，我国三省（市）的高等教育还是自成系统的局面，在各自的行政区划内，高等学校因为主管部门的不同分为部属院校、省属院校、市属院校、共建院校和民办院校。部属院校主管部门为教育部和中央各部委，这类院校的管理权超越了省级区划，是国家层面的。北京市与天津市是直辖市，拥有与河北省同级的行政权，所以这两市所辖的高等院校属于省属层次。河北省还有部分市属的院校，高校拨款主要来自各市政府，共建院校是跨越这几个层级的，管理主体有多种形式，对共建高校最大的影响是使高校获得了更多的发展支持资金。针对我国区域内的高等院校管理权现状，笔者认为彻底打破现有所有权与管理权形式是不现实的，各省市也没有因为高校所有权的不同而表现出太多影响高等教育发展的问题，但是市属院校和民办院校经常面临发展资金严重不足的问题，这影响了此类院校人才培养的质量。一些市属的高职高专院校以培养高级技能人才为己任，却常常因为实践教学环节需要庞大的资金投入，纷纷转向以经管信息类为主体的专业结构，导致难以培养出高质量的高级技能型人才。解决这类问题的出路只有扩大融资渠道，扩大政府财政投入是一方面，但积极创新共建模式，争取共建资格也是一种很好的方式。

二、增强我国高等教育一体化生态系统与外部环境的协同性

在构建好我国高等教育一体化生态系统内部结构之后，为了保证系统的良好运行，需要将系统与外部环境的关系纳入思考的范围。自我调节能力良好的生态系统是建立在不断从系统外部进行能量交换的基础上的，对于高等教育生态系统而言，尤其是指它与自然环境、经济环境、人口环境和政治环境的能量交换关系。只有与外部环境保持良好的协同性才能保证高等教育生态系统长期的动态平衡，使高等教育系统具有长久的生命力与竞争力。对于增强我国高等教育一体化生态系统与外部环境的协同性，可以从以下几方面着手;增强我国高等教育与经济环境的协同性。

人才的需求与供给永远是高等教育系统与经济环境之间最天然、最密切的联系，要保持高等教育生态系统与经济环境之间的协同性需要以人才培养环节为突破口。具体来说，要切实做好人才培养的需求与供给的信息畅通工作。现在我国高等教育生态系统与经济环境的契合度较低的主要原因是经济发展对人才的需求与高校对人才的培养之间的信息不对称。产业的转型与升级、经济的日新月异的发展都在对人才不断地提出新的要求，而高校对人才的培养还在沿用固化了的专业与课程设置，且高等教育对人才的培养周期从 3 年到 11 年不等，这就造成了高等教育与经济环境较低的协同性。

要从根本上解决这个问题需要从以下几方面考虑：一是要密切关注经济发展的改革，及时调整高等教育的人才培养计划。二是高等教育要努力完成科学技术的革新，以引领经济的发展。三是要详细收集与统计高等教育与经济领域的各种数据，利用大数据分析技术提高两领域的信息对称性。具体来说，一是要密切关注经济发展的改革，及时调整高等教育的人才培养计划。我国地区在 2014 年迎来了全面深化综合改革的元年，经济领域率先开始了一体化改革，产业的转型升级与转移给区域经济的发展注入了新的活力。在我国的大棋盘中，三省（市）经济战略选择的共同点在于创新，都瞄准了科技含量高、现代服务业等领域，并率先在生态环保、交通、产业转移三方面实现了一体化发展的突破。经济领域的这一系列改革对高等教育领域提出了创新型人才培养的要求，我国高等教育领域必须及时地破解创新型人才培养的课题，才能保持高等教育生态系统与经济环境高度的协同性。关于我国创新型人才的培养，可以以同层次院校和同科类院校为两个坐标轴，在横向、纵向上形成创新人才培养的研究团队，依靠教育联盟的力量共同攻关，在创新型人才的培养模式、专业与课程设置、理论与实践能力培养等方面探索可供推广的成功经验，从而始终保持高等教育生态系统与经济环境高度的协同性。二是高等教育要努力完成科学技术的革新，以引领经济的发展。高等教育除了要发挥为经济发展服务的功能外，还应发挥引领经济发展的作用，它不仅是经济发展的同行者还是其领路者。第一次工业革命与第二次工业革命都是科学技术革新引领经济突飞猛进的成功案例，我国高等教育要不断完成内部的自我创新突破，实现关键科学技术的创新，完成一次又一次的科技革命，这样才能真正引领经济实现跨越式的发展。

具体来说，一是我国高等教育要高度重视科学研究，实现对科技环境的引领。二是我国高等教育要对区域发挥更好的文化辐射作用。我国高等教育要高度重视科学研究，实现对科技环境的引领。只有当高等教育的科研成果对科技环境起到引领作用时，高等教育系统才能和科技环境保持很好的协同性，跟在科技环境后面跑的高等教育科学研究永远赶不上科技环境对人才培养与科研成果的需求，只会落后于经济社会的发展。所以要实现高等教育生态系统与科技环境的协同性只有从做强高等教育的科学研究着手。我国高等教育要对区域发挥更好的文化辐射作用。有的学者认为高等教育发挥着文化传承的功能，这个观点还处在激烈的争论之中，不过高等教育对所在区域的文化辐射作用还是显而易见的。

总之，只有当我国高等教育生态系统与人口环境保持了较高的协同性，才能理顺区域经济建设与高等教育人才培养的关系，才能办出人民满意的区域高等教育。综上所述，我国高等教育协同发展的必要路径之一就是增强我国高等教育一体化生态系统与外部环境的协同性。系统的良好运行离不开与外部环境的协同发展，孤立的、封闭的系统都会因为能量的匮乏与枯竭而崩溃。

保持高等教育生态系统与外部环境的协同性，是保证我国高等教育一体化生态系统能够形成动态平衡的关键，也是保证其形成良好的自我调整能力的前提。笔者认为只有做好这两方面的工作才能真正实现我国高等教育的协同发展。本章就我国高等教育如何实现协同发展做出了理论探讨。从我国高等教育协同发展的战略定位与发展维度界定了其发展的目标与方向，从我国高等教育一体化生态系统及与外部环境的构建方面，论述了区域内的高等教育协同发展整体结构如何实现，从理论上梳理出了我国高等教育协同发展的具体路径。

第五章　高校教育教学创新研究

第一节　高校形势与政策教育教学模式创新

形势与政策教育是高校思想政治教育的重要组成部分。因而“形势与政策”课是高校一门重要的思想政治理论课程，其对培养大学生的历史责任感与时代使命感、增强大学生综合素质、引导大学生做合格中国特色社会主义建设者和接班人具有极其重要的作用。但因其时效性、变动性和综合交叉性较强，教学难度较大，因此，要增强高校“形势与政策”课程的教学效果，就必须对其教学理念、教学内容、教学模式和考核机制等进行大胆创新。

一、转变教学理念，提高创新意识

思想是行动的先导，教师的教育教学行为总会受到其教学理念的支配和影响，而且教师的教学理念还会影响学生的发展。目前，一些教师和学生对高校“形势与政策”课程的价值与意义认识不足，因而对“形势与政策”的课程教学持有一种应付心理，加之学生对于该课程存在认识上的片面性，致使形势与政策教育教学容易出现走过场、教学效果不尽如人意的现象，因此，更新教学观念是提高形势与政策教育教学实效的前提条件。

首先，教师要重新认识和深刻理解高校开展形势与政策教育教学的目的和使命。高校开展形势与政策教育的根本目的，是让大学生学会用马克思主义的立场、观点和方法，分析并认清形势，做到“识时务”，从而更好地认清社会、认识自我、把握未来；教育和引导大学生全面准确地理解党的路线、方针和政策，坚定在中国共产党领导下走中国特色社会主义道路的信心和决心，积极投身到改革开放和现代化建设的伟大事业中。教师要充分认识高校“形势与政策”课程除了具有思想政治教育功能之外，还兼备素质教育和通识教育的功能。形势与政策教育教学要以相关学科知识教育为依托，丰富大学生的理论知识素养，提高其思想理论水平，拓宽其视野，提升其境界，为培养大学生科学的世界观、人生观、价值观打下坚实基础；形势与政策教育教学要对大学生进行科学精神和人文精神教育，培养其创新思维能力。

其次，教师要确立现代教育和终身学习的思想理念。现代教育思想的核心内容要求教师在教育教学过程中充分尊重学生的主体地位。高校“形势与政策”课程教师在教育教学活动中，只有坚持以学生为主体，才能充分调动学生的学习积极性，促使学生由被动学习向主动学习转变。由于“形势与政策”课程涉及多门学科，内容十分庞杂，再加之其变动性特征明显，因此教师必须勤学多思，要不断提升自身的政治素质和业务水平，才能适应课程教学的需要，完成自己的教育教学任务。

二、优化教学体系，创新教学内容

教学内容是传递教学信息、发挥课程功能的关键要素。由于“形势与政策”课程自身的特点，国家教育部门并未组编统编教材，因此一些高校在安排“形势与政策”课程的教学内容时，仅仅是根据教师的研究领域或兴趣，显示出一定的随意性，致使课程教学内容的确定缺乏严肃性和合理性。实践证明，这种教学难以实现课程的教学目标，导致学生学习兴趣不足，教学效果自然难以保障。

高校“形势与政策”课程内容设置应以教育部每学期制定的“形势与政策教育教学要点”为基本依据。当然，不同高校、不同专业、不同年级有自身的个性特征，高校在设置“形势与政策”课程内容时要照顾学校以及各年级各专业学生的实际情况，考虑学生的认知特点及其对知识的不同需求，既要合理优化，又要大胆创新。例如，对一年级新生的教学内容，可安排“形势与政策”课程的基础理论内容，包括什么是形势与政策、学习“形势与政策”课程的意义、分析形势与把握政策的原则与方法、马克思主义形势与政策观、校情校史与校规校纪介绍等内容，让学生熟悉“形势与政策”课程的基本知识，明确学习“形势与政策”课程的意义与方法，尽快了解和适应新的学习生活环境；对大二、大三年级的学生可侧重安排重大国际国内形势、党和国家大政方针政策与社会热点焦点等内容，帮助学生理性分析和对待形势与政策，提升学生分析辨别的能力；对即将毕业走向社会的学生，可安排一些事关就业创业方面的形势与政策内容，帮助学生树立正确的就业观。总之，对“形势与政策”课程内容的设置，既要体现出严肃性、系统性和科学性，又要体现出变动性和针对性，要不断优化教学体系，创新教学内容，以更好地满足课程教学的需要。

三、改进教学方法，创新教学模式

在高校“形势与政策”课程教学中，采取的教学方式必须有利于增强其教学实效。就目前的情形来看，一些高校“形势与政策”课程教学方式单调、陈旧，很难适应新时期大学生个性多样化特征。因此，改进教学方式、创新教学手段就显得十分必要。在教学中，必须遵循教学设计要有新视野，教学过程要充满激情，教学环节要体现教师为主导、学生为主体，教学环境与氛围要开放、民主、和谐等原则。根据这些原则，改革创新高校“形势与政策”课程的教学模式，构建课堂教学、网络教学和实践教学三位一体的高校“形势与政策”课程的教学新模式。

1. 课堂教学

“形势与政策”课程教学的主要途径是课堂教学，因此课堂教学时数应该不少于“形势与政策”课程总教学时数的三分之二。传统的课堂教学模式习惯于照本宣科式的“满堂灌”，这种教学模式往往陷入填鸭式的教育中，教师处于唱独角戏的角色。这种教学模式的优势是教师易于操作，缺陷是学生主体性难以体现，学生大多处于一种被动的地位，参与教学的程度较低，教学效果难以保证。因此，要创新课堂教学模式，开展形式多样的课堂教学，如启发式教学、讨论式教学和专题教学。

启发式教学。这种教学模式有利于克服传统教学方式的缺陷，能更好地适应新时期大学生的身心特点，有利于增强大学生的学习兴趣和提高大学生分析与解决问题的能力，有利于激发大学生的创新意识和提升大学生的创新素养。启发式教学可以采取案例启发法、讨论启发法、问题启发法、情景启发法等形式。实施启发式教学要注意以下几个环节：一是要充分地了解学生实际，这是实施启发式教学的基础和前提。二是要精讲多练，这是启发式教学的重要手段，也是减轻学生负担的秘密武器。三是要做好问题设计，即要弄清问题出现在哪里并注意问题的难易程度，这是启发式教学的重要环节。四是要发扬教学民主，在教学过程中，教、学双方要相互信任、相互尊重、相互配合，这样才能实现相互促进。

讨论式教学。这种教学模式有利于培养创新型人才，体现教学的民主性和差异性，拓展学生的思路，提高学生分析问题的能力，激发学生的学习热情。讨论式教学可分为指导性讨论、交流性讨论、研究性讨论和辩论性讨论等形式。开展讨论式教学要把握好以下几个环节：一是精心选题。教师要精心设计好要讨论的问题并指导学生如何收集材料和自学思考，让学生做好讨论的准备工作。二是展开课堂讨论，化解问题。在组织讨论时，教师要根据学生讨论的程度和进展，适时地调整教学目标，把握讨论的节奏，尽量让更多学生有机会参与讨论。三是交叉拓展，深化认识。讨论是学生发散思维的过程，在讨论结束时，师生需要进行思维整合，促使学生经过问题交叉融合之后认识得以进一步深化。四是梳理点评，加深体验。学生讨论结束之后，教师要进行集中梳理点评，对整个讨论过程进行回顾与总结，帮助学生澄清误解、理清思路、加深体验。

专题教学。鉴于“形势与政策”课程内容的时效性和变动性的特点，其教学必须追踪热点、聚焦焦点，就课程内容体系中的重点问题加以梳理，形成若干个专题。开展专题教学是“形势与政策”课程教学的一种很好的形式。开展专题教学必须注意好以下几个环节：一是要认真调查，合理选题。选题时要摸清学生的思想动态和学生关注的热点焦点，再结合相关的形势与政策实际，确立和设定专题教学内容，专题内容要具有针对性。二是实施专题教学之前，课程组要加强集体备课，博采众长，集思广益，形成优质教案，这是开展好专题教学的重要保证。

2. 网络教学

网络技术的出现，促使现代社会人们的生产生活方式和思维方式产生了巨大的改变，自然也给“形势与政策”课程教学方式的创新带来了新的机遇。开展网络教学，既能为教学提供丰富多样的教学资源，又能为师生开辟新的学习交流交往方式，同时还能提升学生的学习效率和积极性，加深对教学内容的理解，弥补课堂教学的不足。开展网络教学要注意贯彻以下原则：一要贯彻启发性教学原则。即开辟学习思路，发展多维思维，促进学生广开视野和深入学习。二要贯彻直观性原则。在网络教学环境下，网络上丰富的教学媒体和生动鲜活的教学素材为学生提供了立体的知识背景，通过多种感官刺激，激发了学生的学习热情，增强了“形势与政策”课程教学的吸引力和感染力，让学生轻松愉快地享受学习。三要贯彻循序渐进性和系统性教学原则。通过建立一定的引导和索引机制，使学生依据自身已有的认知水平，由浅入深、循序渐进地系统学习。四要贯彻互动性原则。在“形势与政策”课程传统课堂教学组织形式中往往存在教学班级规模过大、学生人数众多、师生互动较弱等情形，网络教学可利用网络技术的优势，开辟多个通道，满足师生各类互动的需求，使教学活动更加丰富多彩，从而弥补传统课堂讲授的不足。五要贯彻学生主体性原则。开展网络教学要坚持以教师为主导，以学生为主体，始终围绕学生组织教学，处理好教师与学生、学生与教学媒体、学生与学习内容的关系，促进学生全面素质的提高。六要贯彻巩固性原则。通过有效使用网络，帮助学生整理知识和把握逻辑，增加学生对教学内容把握的系统性和全面性。网络教学可采取网络平台建设、微信公众号、微课慕课等形式，这些不同形式各有优势，教师可综合运用，最大限度地发挥网络教学的积极效应。

3. 实践教学

实践教学是“形势与政策”课程教学模式的重要组成部分，能够发挥思想政治理论课教学的理论认知、政治导向和思维能力综合提升等多重功能。在“形势与政策”课程教学中开展实践教学，有助于增强课程教学的吸引力，提升课程教学实效。在“形势与政策”课程教学中开展实践教学要贯彻以下几个原则：一是要加强针对性。必须针对教学和大学生的思想实际来确定教学内容和形式，避免盲目性。二是要注重实效性。开展实践教学，要合理确立教学目标，科学选择实践教学形式，避免犯形式主义的错误，力求取得良好的实践效果。三是要追求时效性。“形势与政策”课程具有突出的时效性特征，根据这一特征的要求，实践教学必须反映社会发展的实际，体现时代特征，以求得理论与实际的统一。四是要坚持灵活多样性。大学生是一个非常活跃的群体，其个性特征鲜明多样，因此，实践教学要灵活多样，避免出现僵化。

“形势与政策”课程开展实践教学要抓好以下几个环节：一是确立合理的教学目标。要结合“形势与政策”课程教学内容和教学实际，制定具体实践教学目标，且具体教学目标的确立要有针对性和可操作性。二是周密制订教学计划。制订教学计划，要反映教学活动的针对性和实践活动的具体性，包括实践地点的选择和教学时限的安排等。三是精选实践教学方式。选择何种实践教学方式，要由教学规律和原则、实践教学内容和目标以及实践教学的功能等因素来确定，体现实践教学的针对性、适用性和实效性。四是妥善组织管理教学。抓好实践教学的组织管理这一环，是保证实践教学取得良好效果的重要条件。要建设有效的领导机制，制定科学的管理制度和监控体系，为实践教学顺利开展起到保驾护航的作用。五是及时开展总结评估。对实践教学进行总结评估是实践教学的最后一环，及时梳理实践教学过程，评估得失，有利于巩固升华实践教学效果，拓展实践教学的价值。

四、改进考核方式，创新考核机制

鉴于“形势与政策”课程的时效性、变动性等特点，传统的闭卷考核方式很难全面、客观、真实地检测出学生对“形势与政策”课程教学目标掌握的程度，对此，有必要创新“形势与政策”课程考核方式，以更好地发挥考核对评教评学和促教促学的双重功能。考核方式的创新应注重联系实际和灵活多样，做到“两个结合”：一是笔试与口试相结合。笔试易于考查学生对“形势与政策”课程相关知识的识记情况，其突出优点在于便于操作，缺点是容易导致学生为考而学，临时抱佛脚，对学生养成勤于分析、深入思考的习惯和能力帮助有限；口试便于考查学生分析思考和解决问题的能力。将笔试与口试有机统一起来，能更好地发挥两种考核方式的长处，弥补彼此的不足。二是全面性与全程性相结合，即将教学过程考核与教学结果考核统一起来。鉴于“形势与政策”课程教学班级规模较大、人数较多、课堂教学时间集中、课程教学内容综合复杂性强等特点，有些内容的教学只能安排在课堂集中教学时间之外去进行。考核不能只局限于集中课堂教学结束时的闭卷考核，还要采取相应形式对学生在集中教学时间之外的学习环节加以考核，做到对学生在整个教学过程的表现进行考核，以体现考核的全面性与全程性。考核学生对课堂集中教学内容和知识的掌握情况，可用闭卷考试，在集中教学结束前安排时间进行。对学生集中课堂教学之外的学习情况和学习内容的考核，可用更加灵活多样的方式进行，如开卷论题式考核和互评式考核。实施开卷论题式考核前，教师应联系当下国际国内实际和学生的兴趣，明确主题，要求学生围绕主题收集资料，独立思考，形成自己的观点和想法，言之成理，佐证有据，不能抄袭。互评式考核，即将考核权的一部分下放给学生。互评分为小组长考评和小组成员互评，具体做法是每个班分成若干个小组，每个组由小组长负责，先由小组长对每个小组成员日常参与教学的情况、承担的项目实施情况（包括小组成员在项目中承担的角色、教学活动参与以及完成的情况）进行考评，形成每个学生的小组长考评成绩；然后小组成员之间进行互评，小组所有成员对小组每个学生考评出一个成绩，在此基础上由小组长汇总计算出每个小组成员的小组考评成绩，这两个成绩综合起来就形成每个学生的互评式考核成绩。互评式考核有利于克服教师无法直接掌握集中教学之外的教学环节中学生学习情况的不足，有利于发挥学生相互促学、彼此监督的作用。将笔试与口试、过程考核与结果考核等考核形式综合运用起来，建设多元化的考核机制，最后综合形成学生该课程学期总成绩，这样的考核评价有利于克服传统单一考核方式所产生的弊端与不足，最大限度地发挥考核对教学的推动作用。

第二节　以人为本推进高校教育教学管理创新

创新教育教学管理模式是推动教育事业更好发展的保障。“以人为本”的管理理念顺应了当代社会发展趋势，将其运用到高校教育教学管理中，对教育教学管理的创新与发展具有重要的意义。对此，笔者以“以人为本推进高校教育教学管理创新”为题，从开展以人为本推进高校教育教学管理创新的原因入手，对其实现以人为本推进高校教育教学管理创新策略进行了深入探究。

一、开展以人为本推进高校教育教学管理创新的原因

高校教育教学管理是高校工作的重要组成部分，在对于促进高校发展、给学生创造一个更和谐、更有序的生活和学习环境中扮演着极其重要的角色，而要实现推进高校教育教学管理创新，首先应该保证能够坚定不移地以科学发展观为理论指导，并且始终坚持“以人为本”的教育理念，这样才能真正达到教育的要求。

“以人为本”是高校教育教学管理的根本诉求。“以人为本”的理念早已被提出，要想坚定不移地落实科学发展观，必须达到以人为本的核心要求，并且意识到为人服务、对人有利才是发展的根本目的和基本要求，还要保证所取得的发展成果能被人享有并且惠及全人类。高校是有计划、有组织并且能够开展系统性教育工作的机构，其目的就是为社会的发展提供保质保量的人才，以教育促进社会发展，同时让社会的发展为教育提供教学指南。与社会上的企业相比，高校教育是一种为教书育人而设立的机构，其不以营利为目的，却对学生有一定的要求，要求他们能够遵守相关的规章制度。因而高校的教育者不仅要掌握扎实的理论知识、教学技能和专业技能等，还必须具备高尚的职业道德操守，要尽可能地拉近与学生之间的距离，实现与学生心灵上的交流和沟通。在高校领导、教职员工和学生这三个层级构成的群体中，人不仅是高校开展教育活动的主体，同时也是客体，人的这种双重身份使得教育管理更应该坚持以人为本，高等学校是对所有渴望获得知识的人开展高等教育的教育机构，是培养各个行业人才的重要场所。设立高校的根本目的就是培养具有创

新能力的高级别人才。为了能够使高校教育达到这一标准，必须保证师资力量，这样才能保证所培养出的学生符合高级别人才的需求。“教授”与“学习”都是一种很花费时间和精力的劳动方式，既需要相对自由的学术氛围，又需要教学环境有一定的宽容度，从而满足人文主义式的管理要求。

以人为本才能满足高校教育教学管理的实际需求。多年以来，我国很多高校都致力于实现“以人为本”管理理念的要求，不断积极探索现代化教育教学管理模式和机制，从目前的情况来看，已经取得了初步成效，但以人为本开展的教育教学管理工作并未从本质上使问题得到解决，人性缺失现象还较为突出。产生这种现象的原因主要有三点：一是教育教学管理目标不够完整。实际上，很多高校管理者经常讨论的话题不外乎教学评估、如何升格、申请硕士博士以及争创名牌等，将教学管理的重点都放在了设备更新与维护、多媒体教室的建设和食堂、操场建设等问题上，对“人”的问题关注得非常少。不可否认，这些问题都属于高校发展中的重要组成部分，但是相较于学生、教师这些主体而言，高校所开展的其他工作就相形见绌，应该放在“人”之后。以人为本的重点在于对人的尊重，学会换位思考和理解他人，才能依托于对人的全面管理来实现高校的稳步发展。二是教育教学管理体制和机制行政化。高校是一个以教育为目的的场所，不是政府机关，在开展教育教学管理工作时要认清这个问题，不能让教育教学管理体制和机制朝着行政化的方向发展。很长一段时间以来，受计划经济体制的影响，我国高校教育教学管理一直遵循着自上而下的直线式管理，强调的是上级领导下级，同时进行统一指挥，要求绝对服从，甚至存在以行政性管理替代学术性管理或者弱化学术性管理的趋势。当前高校的这种教育教学管理现状，使得教育教学管理不仅不能充分体现出各层级教学组织的价值和意义，而且很难调动教师工作的积极性和学生学习的热情。三是教育教学管理制度呈现僵化的特点。很多高校在开展教学的过程中逐步形成了一整套涉及教育教学管理的规章制度体系，在改善教育教学管理工作方面发挥了一定的作用。然而，由于受到这些条条框框的影响，教师在真正想对教学工作进行改革创新时会受到很多限制，不利于教育创新的实现。不仅如此，在这种制度体系的约束下，教育教学活动展现不出活力，从而使整个教育教学管理工作的效果受到影响。

二、实现以人为本推进高校教育教学管理创新策略

要想真正地实现以人为本推进高校教育教学管理创新的目标，就必须清楚地认识到“以人为本”教育教学管理理念的重要性，逐渐强化“以人为本”的管理理念，探寻更为人性化的管理模式，并且及时构建服务型的管理队伍，从而为教师和学生提供更高质量的管理服务，满足他们的实际需要，促进高校健康发展。

探寻更为人性化的管理模式。要探寻更为人性化的管理模式，应该满足一定的要求。首先，弱化行政功能，强化学术功能。高校是开展教育的场所而不是办公的场所，所以应该有意识地淡化官本位和行政权力，坚持专业化的治校理念，始终维护教授在教学管理中的核心地位和核心作用，赋予他们在高校教育教学管理中的权利和相关权益，避免“外行人指挥内行人工作”情况的发生。其次，由独断专行向民主型转化。高校在开展教育教学管理的过程中要体现出民主性，不能独断专行，要保

证教师能够享有基本的教学自由来开展教学改革创新工作，从而改变当前教育现状，为学生提供更优质的教学环境。最后，由被动接受型转向激励型。管理分为被动接受型和激励型。激励属于更高级别的管理方式，其取得的管理效果更好，同时对管理者的管理能力要求也更高，这就要求高校能够尊重师生，不断完善教育教学管理规章制度，努力在原有的被动接受型管理方式上融入激励型管理因素，逐渐实现由被动接受型管理向激励型管理的过渡。

构建服务型的管理队伍。即使传统教育教学管理在不断发展的过程中表现出了一定的优势，但在面对现代信息化管理时仍存在一些过于烦琐、呆板的问题。身处信息化时代，高校教育教学管理应该以现代化教学管理理论为导向，对传统教学管理体制和机制进行改革创新，向实现教学管理现代化不断靠近。管理并不意味着压迫和绝对服从，其更倾向于一种服务性质，是以为教师和学生服务为目的的，这就要求管理队伍能够树立起“以人为本”的服务理念，在处理问题时做到热情、耐心和细致。当然，为了提升服务质量，还应该不断地提高管理人员的专业素养、综合素质和业务能力，增强他们的职业道德感；与此同时，还应该构建并完善教学管理人员的目标管理责任制，激励并引导教育教学管理人员严格要求自己，以身作则，在对师生进行管理的同时不断深化教育教学管理的功能。

“以人为本”作为当代社会的一种新的管理理念，顺应了时代的发展，因此，将“以人为本”的管理理念运用到高校教育教学的管理中有利于高校教育教学管理的创新与发展。

第三节　教育机制在艺术设计教学中的应用与创新

教育机制是指教师在教育教学过程中的一种特殊定向能力，是教师良好的综合素质和能力的外在表现，是指教师能根据学生新的、特别是意外的情况，快速而正确地做出判断并及时采取恰当而有效的教育措施解决问题，由此表现出的一种敏感、迅速、准确的判断能力。范梅南认为教育机制是教师用来克服理论与实践相分离的概念，而不是促使理论转化成实践的工具。教育教学不是教条的说教，也不是道德的劝诫，而是在教育实践活动中将学生引向好的方面，笔者认为，教育机制首先要求教师的教育初心。人们常说:“教师是太阳底下最崇高的职业。”所以，保持教育初心尤为重要，它意味着责任和担当，意味着遇到问题时不怕问题，主动去解决问题，不能事不关己高高挂起，也不能破罐破摔，因为不进则退。由此出发，为教育教学事业贡献光和热，才能积极为教育教学事业做好充足的准备，并且要坚持终身学习，这就是教育机制成熟的两个基本点，即保持初心，终身学习，这样才能让教育机制在教育教学中发挥出最大的能效。

一、宏观环境中的准备工作

新时代背景下，对于教育教学的准备阶段，笔者认为主要有三个阶段：收集与共享资源；筛选与学习资源；引入与利用资源。具体体现为：首先是通过各种渠道最大限度地收集相关资源，建立属于自己的数据库，这是对专业人士自身的学术科研和教育教学的双重要求。然后学会共享资源，把资源通过各种平台再次分享给同行们，促进沟通与交流，其次是针对教育教学方面，系统地筛选符合教学大纲的资源，进一步深入学习和研究，为教育教学做足准备。最后是将资源引入课堂，并利用相关资源辅助课件，达到多维度的教育目的。

二、微观环境中的实践工作

导入话题，打破壁垒。由于“三观”的不断建立与完善，大学生具有青春期末期的叛逆思想和成年期的单纯的自信及逆反心理，所以在教与学之间，要及时打破壁垒，而第一手段就是教学导入。实际上，教学导入并不是陌生的话题。传统的导入方法多达 20 种，最常用的就是直接和直观导入，即第一时间明确教学的重点和目标。然而笔者认为，教师自身的状态准备开始的时候，学生未必准备好，而例行公事的导入，只会让学生产生“有了任务”的负重感和恐惧感。一节课 45 分钟，笔者将其分为三个阶段每个阶段 15 分钟，学生注意力的高潮期往往在开始和结束的阶段，中间会进入一个低潮期，所以把握开始和结束两个阶段的时间尤为必要。对于开始的 15 分钟用来导入话题，笔者采用的方式是以聊天的方式随意提出几个近两天发生的新闻，尤其是学生比较关注的新闻范畴，以此开始调动学生的注意力和积极性，进而见缝插针地真正导入一个知识点，引发疑问，开始本节课的教学工作。重点和难点则集中在 15 分钟之内分别教授，在学生进入低潮期的 15 分钟期间，尽量进行“手机互动和课外案例拓展”，最后在剩下的 15 分钟内总结和回顾本节课的重点与难点。

利用同理心，拉近距离。其实，教师与学生之间并不存在敌对关系，也不存在领导与被领导的关系，但存在意识形态的代沟和个人对集体的客观矛盾。所以，教师应该站在学生的角度考虑问题，消除学生意识中的所谓敌对关系，利用同理心，将学术与生活分开，在学术上严肃认真，在生活上“变回”正常人，不要总端着所谓为人师表的架子，以此拉近师生之间的关系，取得学生的信任感，这是增强学生对教师传授知识权威性和接受度的教育机制手段。

弱化教育主体与客体的关系。在传统的教育教学环境中，教师是主体，学生是客体，二者是一种主动与被动的关系，教师讲什么，学生听什么，没有任何选择性。在网络不发达的年代，教师教授内容的对与错，很难及时得到鉴定和辨别，教师的权威性得到了最大限度的保护。这并不利于教育教学的良性循环。互联网文化盛行的今天，学生可以在课堂随时查看教师所表达的只言片语，甚至读错一个字，都会被无限放大在网络上，这也成为当今的教育工作者最大的焦虑之一。笔者认为，教师应该变劣势为优势，要认识到学无止境的基本原则，不断提高自身专业素质和能力，同时也要变被动为主动，弱化掉教育主体与客体之间的关系，放低身段，放下所谓的权威，与学生互相学习，共同进步。

教学环境的多元化。艺术设计类教学的环境一直是多元化的，如从理论课堂到画室或者绘图室，从校内操场写生到校外写生，从街区考查到调查问卷，从教师示范到学术交流。高校应该开展更加灵活新鲜的教学环境，如利用联网教学，使同一时间同一门课的两个教室的教师与学生互相联网进行视频交流教学，形成一种映射和参照，把有限的空间提升到一个无限的沟通领域中。这样，一方面，教师之间可以互相取长补短；另一方面，学生之间也能形成好奇心和约束感。好奇心体现在对方的上课情况与学生外貌；约束感体现在羞耻心方面，学生相互产生攀比心理，最大限度地改善教学环境的死板和沉闷。

手机的利与弊。手机在大众群体中的普遍应用，无疑是新时代的利好消息，但对于学生群体，社会上普遍存在着很大的争议，尤其是在教育领域，这是很多教育工作者最担忧的问题之一。首先，手机比电脑更加方便携带，各种社交软件和新闻媒体平台，最大限度地分散着学生们的注意力。其次，网络内容的新鲜感和爆炸性内容令学生更感兴趣，阻碍了学生对于教学内容的关注度和接受度。上课期间低头看手机而不听课的普遍情况，使得教师非常痛心。既然是无法避免的普遍事实，不如变劣势为优势，加以利用。教师可以将每节课的教学内容，都尽最大可能地与网络链接，让学生随时通过手机获取相关内容，形成教育教学中一种新型的互动方式。

教材与课件。在很多高校，院系考虑到要避免教师之间的恶性竞争、学生之间的心理不平衡等因素，对于专业的具体课程要求课件统一、作业统一。但是，教材是不断更新的，但课件很难跟进，里面的图例大多是像素偏低的图片，案例也缺乏时代性，很难引起学生的记忆点和共鸣性。教材的更新主要偏重于理论的更新，课件的更新在于图例和案例的更新，二者并不矛盾，教材指导课件，课件解释教材，二者可同时更新，与时俱进。在此基础上，教师还应准备除课件之外的拓展资料加以辅助，尤其是艺术设计类教学，需要大量的实际案例。

教学形式（板书与幻灯片）。传统的教学以板书为主，通常是教师讲授与板书同时进行，学生的期待感很强，也可以与教师同时思考和进行，这是传统板书的优势。随着时代的发展，电脑幻灯片的教学形式，逐渐成了主流教学形式，其原因在于：第一，教学内容的承载量巨大。第二，教学内容的表现形式多元化，各种彩色图片、动态图片以及影像影音，为教育教学提供了更加便利的条件，教学成果显著提高。但是，在艺术设计类教学当中，笔者认为二者应该结合起来开展教育教学工作，以免造成“照本宣科”的教学环境，避免“放弃”了教材在课堂的主导性，又换汤不换药地“开启”幻灯片课件在课堂的主导性。传统板书与学生之间的互动优势并不过时，也绝不可丢弃。

实践课与理论课的矛盾。比起理论课，艺术设计类专业的学生更加喜欢实践课，这是不争的事实。主要原因有两点：首先，就业的大环境决定了技术类人才更加热门，受欢迎程度更高。新时代对于劳动力的要求集中在员工的实际操作能力，而非理论研究，只有部分学术科研部门以理论研究为主，且要求学生的学历为硕博以上。因此，对于专本科类的毕业生而言，掌握熟练的实践技能，直接影响着就业出路与薪资待遇。其次，在教育教学的环境氛围中，实践课更能增加师生之间的互动性，也能充分地调动学生的主观能动性，相较于理论课长时间地被动接受系统连续性很强的理论知识，实践课的灵活性更强、操作性更强，学生手脑并用的学习方式，使得教学成果更加明显。通识教育在西方教育领域一直有着不可忽视和无法替代的积极作用。理论课作为通识教育里面一个重要组成部分，在教育教学中具有深远的意义和作用，它能潜移默化地影响学生的意识形态，建立学生的思维模式，加强学生的记忆能力，提高学生的思维能力。正所谓理论指导实践，实践又反作用理论，二者缺一不可。

考核形式的危机。考核主要包括考试与作业两种形式。艺术设计类学生对于考试的反感程度，并非今时今日才出现的新课题。作为教师，在学生时代也一度质疑艺术设计类专业的学生理论考试的意义何在。理论考试主要考查学生对于系统理论知识点的掌握程度，通过对学生试卷的解答情况，可以分析和判定哪些知识点学生更容易掌握，哪些难以掌握，这也是教育机制的一种隐晦的体现。教学大纲中的重点与难点，并非一成不变的，而是要根据学生的实际反馈情况进行及时的调整。艺术设计类作业的形式多种多样，最受欢迎的无异于考查报告。然而，考查报告可以作为考查方式之一，但绝不能是唯一。

如果说学历是进入教育行业的敲门砖，那么教学经验就是教育行业的试金石，教育机制在教学实践过程中，不仅可以考查作为一名教育工作者是否仍然保留进入教育行业的初心，对教育事业的热情，以及对教学工作的责任感；同时也能检验作为一名教育工作者的教学能力的提升，以及在教育教学工作中的创新精神，所以，教育机制在艺术设计教学中具有重要与深远的意义和作用。

第四节　高校法治教育教学模式创新

高校大学生法治教育是以育人为中心的思想政治教育工作，其根本目的是培养高素质人才，就目前来说，依然是一项任重道远的工作。

一、高校法治教育工作的背景

目前，我国全面依法治国的道路正逐渐铺开，知法懂法理念渗透于社会生活的方方面面，在不断完善的法治社会背景下，高校法治教育工作面临新的发展机遇，国家的大政方针、法治理念越来越受到大学生的普遍关注。2010年《国家中长期教育改革和发展规划纲要（2010—2020年）》明确提出要提高教育教学发展的质量，促进教学模式的转变，激发学生学习的积极性，实现育人理念的创新。2016年教育部印发的《全国教育系统开展法治宣传教育的第七个五年规划（2016—2020年）》再次指出高校是培养大学生的主阵地，而青少年的法治教育是国民教育的基础性工作，应科学规划法治教育工作，实现学以致用，切实增强法治教育工作成效，可见，国家一直把育人工作放在高校教育工作的首位，非常重视法治教育与法治宣传工作，希望高校能够在育人的过程中，促进法治教育工作落地生根，全面深化，开花结果。

在此背景下，为进一步弘扬社会主义法治，高校要积极推进法治教育工作的进一步规划与发展，健全全面育人机制，把培养创新型高素质人才作为高校的首要任务执行，逐步完善大学生的法治理念，提高个人法治素养，落实依法治国理念，实施依法治校思维，以此为契机推动社会主义法治建设快速发展，构建高校成熟的法治教育环境，切实全面提升大学生的法律知识和法治观念。

二、高校法治教育的重要性

高校法治教育是指高校通过开展教学活动，实施法治思维理念的引导式教育，大学生通过课堂学习，理解社会主义法治理念，懂得法治国家和新时代全面依法治国理念的重要性，具备法治思维和法治素养，促进法治行为的养成。当前，高校的法治教育主要是通过教育资源和手段实施的，法治教育的本质是利用现有的一切教育资源和手段，使学生掌握法治脉络，了解法律在国家体系中的设置，理解国家的立法理念、司法制度、执法行为等法治基础问题，进一步培养遵法守法的理念，这也是高校开展法治教育的根本目的所在。

高校依托现有的人文环境，以法治素养的养成为基础，探索大学生法治教育工作中遇到的困难，改革高校法治教育工作方法，借鉴国外法治教育工作模式，完善自身教育工作的不足，对促进高校思想政治教育工作的全面发展，提升全面育人效果具有深远意义。

三、高校法治教育存在的问题

（一）法治教育师资水平有待提高

高校从事法治教育工作的教师虽具备较高的学历，有着丰富的教学经验，但普遍缺乏法律素养，绝大多数高校的法治教育课程从属于公共课教研室，导致教师法律知识储备不充足。为了解决这个问题，多数教师自学法律知识或利用课余时间学习法学专业的相关课程，但由于时间短，且本身没有系统接受过法律教育，理解起来难免不够深入，使得其在涉及法律相关内容的讲解时，教学思路不清晰，教学内容讲述含糊不清。

这种法治教育教学模式造成一些教学内容出现走马观花的现象，学生对法治体系的理解一头雾水，无法深入理解法治教育的知识点。有的高校师资力量缺乏，一名教师要承担多个教学班级的教学任务，每周的教学工作任务繁重，备课时间少，教学经验不足，教学手段应用不理想，缺乏积极的思考能力，不善于改革教学模式，导致课堂教学效果不佳；有的高校甚至不重视集中备课环节，对于课前教学计划和相关准备要求甚少，不重视专业课教师的对外交流和培训，使得教师的教学方式和教学技巧无法改善。

（二）法治教育教学形式单一

当前，法治教育的课堂教学设计以讲授教材中的知识点为主，重点分析法治的逻辑关系，启发学生理解学习内容。高校教学活动仍以教师为实施主体，其主导课堂活动，教学分为课前准备、课堂讲解、课中互动、课后温习、期末考试等阶段，学生仍处于被动接受的地位，缺乏自主学习的环境，当课堂互动缺乏时，课堂教学便变成“灌输式”的教学形式，学生完全脱离自主思考模式，教学模式弊端凸显，课堂教学缺乏新意。

2016年教育部印发的《关于中央部门所属高校深化教育教学改革的指导意见》明确指出，高校要致力于重塑本科教学课程内容和教学体系改革，依托教学硬件条件，建设优质的在线开放课程，开展线上线下混合式教学，推进教学方式方法的变革。

四、法治教育教学模式创新策略

（一）完善法治教育网络在线课程

高校法治教育的目标是希望通过教育手段引导学生提高自主分析问题和解决问题的能力，为了实现该目标，高校教师要考虑采用学生喜闻乐见的方式，充分利用手机、电脑等载体开展教育活动。目前，每名大学生都有一两部手机，每天使用手机至少2个小时。因此，学校可以建立网络在线课堂，将在线教学融入学生的学习生活中，学生可以利用碎片化时间，通过手机或电脑进行学习，这种方式顺应了学生的需求，是他们喜闻乐见的教学形式，可以实现提升学习效果的目的。

高校要加强法治教育在线开放精品课程的建设，通过慕课（MOOC）和超星学习通等网络教学平台开发《思想道德修养与法律基础》在线课程。在建设课程时，教师应通过教学目标设计学习任务，使学生能够理解所学内容；应把所要学习的内容拆分为多个知识点，每个知识点录制10分钟左右的教学视频，并设置学生参与互动和回答问题的环节，在教学视频中设定启发式的任务点，启发学生参与知识点的提问回答环节，激励学生对视频教学内容进行回顾和总结。

在网络教学平台上建立教学班级，以4~8人为一组分成多个学习小组，根据学习视频中的知识内容，以小组学习的方式开展在线讨论和在线交流，教师预先设计问题并制定评价标准，在网络课程中设置学生参与学习以及在线讨论的权重分数，方便检验小组学习的学习效果。同时，教师要在小组学习中加入实际案例对所学内容进行补充，通过视频、音频和文本形式在线发放给小组进行讨论，及时地在线解决学生学习过程中的困惑，实现学生在线自主学习，增强学习效果。每次学习后教师都要鼓励学生参与课程章节中的课后测验，这样的测验能够在第一时间检验学生学习的效果，测验以选择题和简答题为主，答题数量在10道左右，便于学生通过手机或电脑迅速完成。

（二）开展法治教育混合式教学模式

首先，在课前教学环节中要进行法治教育教学前的准备。课前利用网络发布通知，要求学生在网络平台上预先学习教师转发的网络教学资源，内容可以涵盖最新的法律案例、时政要闻、国家法治建设大事等，同时告知学生教师要在课堂上对这些内容进行检验，要求学生在课堂上进行分析和讨论，进而充分发挥学生的自主性。

其次，在课堂教学过程中要充分发挥学生的主体性地位，通过设计课堂互动教学环节，检验学生课前学习的效果，让学生评述案例，然后由教师指导在课堂上进行分组讨论，通过案例加强对法治教育内容的理解。教师作为整个课堂的引导者和协调者，职责是充分调动学生主动分析问题的积极性，引导学生积极参与教学活动，总结知识点并讲授给学生，促进学生对法治教育教学内容中知识点的熟练掌握，并对积极参与课堂互动的学生给予相应的课堂分数，计入平时成绩。

最后，课后教学环节需利用网络教学平台建立课后测验题库，督促学生课后进入平台，随机抽取预先布置的课后测验。测验题可以设计为填空题、简答题等，每个人随机抽取的测验题均不相同。学生在线完成测验，形成测评分数，学期末进行综合排名，形成测评总分计入平时成绩，同时，平台也设置了讨论区和答疑区，学生有任何与课堂教学有关的建议和问题，都可以在线进行讨论、学习和交流，教师也可以通过平台与学生进行即时互动。

总之，法治教育课程的混合式教学有利于激发学生学习的热情，使枯燥的法治教育课堂变得灵活生动，充分调动学生学习的积极性，引导学生认真学习。

第五节　Web2.0 时代高校教育教学的创新

在 web2.0 时代，学习已不是传统课堂学习模式，而是建立在互联网技术手段基础上的广阔范围的学习。本节旨在探索如何在开放式的社会化网络条件下建构教学平台和教学模式，并根据实际操作过程中存在的教学方法的滞后、学习方式的困惑、硬件设施和网络资源建设的薄弱等问题，提出高校要更新观念，加强培训，提高信息应用的整体能力；搭建移动学习平台，构建评价和控制体系；加大投资力度，推进校园数字化建设的改进措施。

近几年，随着被称为 Web2.0 的新一代互联网信息技术的不断进步，以信息化为特征的教学环境的构建和教学资源的建设，正不断改变着传统高校教育教学的思维、观念和方法，以教师、课堂、书本为“三中心”的传统教学模式被广大教师和学生所质疑。教师不但要传授学生以知识，还要给予学生以自主学习能力，学生也逐渐由过去单纯的信息接收者和使用者，转变为信息的传递者和创造者。为适应这种高度共享信息化资源的变化趋势，传统的教育教学模式必须要改革，而改革的重要途径就是构建新型的信息化教育教学模式。

在 Web2.0 环境下，网络的社会化程度非常高，博客、微博、社会书签、资源分享网站、社交网络等应用层出不穷，为学生提供了极为丰富的学习资源和强有力的技术保障。在开放式的社会化网络中，教师与学生可以进行充分的交流沟通，形成参与性、动态性的学习环境，个性化开放式共享型的学习活动不断出现。

一、Web2.0 时代教学理论依据和现实需求

（一）建构主义教学理念和 Web2.0 特性不谋而合

进入 Web2.0 信息时代以后，主张以学生为中心，强调师生交互手段的建构主义学习理论在教育教学技术实践发展中逐步占据主流位置。构建主义理论的中心思想认为，学生的知识获取并不仅仅是通过教师的讲授，还应借助外部（包括教师、学生、社会）的支持，在一定的社会文化背景下，积极利用必要的技术手段，通过自身主动的学习构建获得。Web2.0 技术可以把不同媒体、新旧信息进行整合，学生可以按照自己的实际情况选择学习内容，以提高学习的主动性、自觉性。Web2.0 技术还有利于学生进行合作化学习，师生都可以把自己的研究成果在信息化平

台上进行共享，不受时间和空间制约进行信息交流，以培养学生的合作精神和良好的人际关系能力。

（二）激发学生学习兴趣，培养学生自主学习能力

在传统的高校课堂中，学生只能被动地接受专业教师的程序化知识传授，无法选择课堂教学内容，更无法接触其他高校优秀教师、企业职业经理人的知识传授。web2.0 时代的互联网可以解决这个难题。web2.0 互联网打破了时间和空间的局限，改变了单纯从教师或课本获取知识信息的单一格局，学生通过 web2.0 互联网可以获取更多新的知识，进而培养了学生能动学习和比较好地利用网络知识的本领，使其在更大范围内获取知识，拓宽了知识视野，进一步激发了学习兴趣，培养了参与意识。

（三）教学资源的共享教学成本相对较低

知识传授、互动及创造活动需要多方互动，在传统的学习及知识创造场景下，需要知识传递方和接收方共同在场，因而对时间有着严格的要求。计算机网络所具有的信息容量大、信息传播快等优点，是其他教学设备没有办法比拟的，通过网络的资源共享，高校实现了低成本的知识互动，使得知识供应方一次分享、知识获取方不受时间限制的多次、多人受益；同时对场地、设备等没有额外要求，成本更低。

（四）跨越师生空间距离，链接行业直通教学

现在很多高校新校区远离市区，远离教师居住区，使得以前教师课后深入教室和寝室当面指导学生的优良传统难以坚持，但移动数字课堂利用互联网络和数字传播技术可以解决师生难以普遍化持续性当面交流的问题。数字媒体传播在新闻界和企业界的应用最为直接和广泛，通过数

字媒体可以建立起连接行业资讯与专业教育的数字媒体课堂，大大缩短了专业教育与行业实践的距离，大大增加了专业教育与行业实践的联系。

二、Web2.0 时代教学平台设计和教学模式构建

（一）教学平台设计

教学平台是一个面向学校教务管理人员、教师和学生，为其提供服务的教学管理系统。教学平台建设与设计会促进教师改革教学内容与教学方法，引起学生学习方式变革，提高高校教学质量。笔者把基于 web2.0 技术的教学平台分为两大模块：教学共享资源库、互动交流系统。

教学共享资源库是一个以学习资源库和实训项目资源库为基础的共享型专业教学资源库，包括专业标准资源、IT 信息资源及工具、网络课程资源、项目案例及实训资源、多媒体素材及教学视频、专题特色资源、核心能力测试题库，以数字化校园网络平台为支撑，为师生、合作企业和社会学习者提供资源检索、信息查询、资料下载、教学指导、学习咨询、就业支持、人员培训等服务。所有教师与学生均可以在网络平台上建立个人空间，实时上传教师教学过程资料、学生学习过程资料，实现教学资料的积累与共享。

互动交流系统是教学平台的主要部分，具有实现学生作业上传与批阅、师生在线答疑与交流等功能，主要包括在线交互（虚拟社区）、作业管理和在线评测等子系统。该系统为客户提供博客、Wiki、BBS、网上调查等读者交流、互动的个性空间。博客既可以系统表达自己的观点、看法，也可以浏览其他博客作者的文章，获取系统化的显性知识。微博的内容篇幅短、丰富，时间成本更低，提供了一个日常“观察”“聆听”

知名学者、企业家和经理人所做所思、所察所闻，通过“耳濡目染”的方式学习显性知识和大量需要观察、互动、体悟才能获得的专业性隐性知识的机会。维基百科是一个任何人都能参与、有多种语言的百科全书协作计划，通过它可以获取相关的定义、分类、描述、理论介绍等文献知识，社交网络主要是熟人之间在社交网络平台建立朋友关系，用户发表自己日常的行动、观察、思考，同时也了解朋友的行动、观察和思考。

（二）教学模式的构建

基于 web2.0 的教学模式主要有以下几种类型。

传授型教学模式。为促进学生对课程理论的理解，可以采取传授型教学模式，即把教学计划、课程内容、讲义或课件放到 web2.0 平台上，供同学下载学习，同时发布学习要求和作业，采用同步式或异步式的方法，进行课程指导，学生的参与度较高。

问题型教学模式。即教师把教学内容设计为具体的责任和任务，要求学生通过完成任务实现对课程内容的学习；教师利用博客提供课堂背景资料和评价，要求学生在学习和思索中形成对问题的看法和见解。

协作型教学模式。以学习社区或团队的形式，利用共享的学习资源，教师仅起到引领作用，主要依靠学生的主动性来完成项目，最后教师给团队做出总结性评价。

自主型教学模式。即充分发挥学生的自主学习能力，让学生创建自己的博客和微博，加入社区，充当管理员，发起讨论，运用自己所学知识拓展自身的知识领域，完善知识结构，构建自主化的知识体系，把研究成果传入学习社区，丰富教学资源。

三、Web2.0 时代教育教学存在的问题

（一）教师教学方法的滞后

教师由于长期采用传统的教学方法，形成了固定的教学思维定式，未能深刻理解 web2.0 时代的教育教学特征，只是机械地把课本的内容简单复制到电子课件上，使用多媒体进行讲解传授，没有真正实现与学生的互动，并未激发学生主动学习的热情。或者教师过于关注教学节奏，追求课堂内容的“多、快、新”，导致学生无法消化吸收课堂内容，学生在学习过程中没有自己独立思考和寻找知识的时间和空间。

（二）学生学习方式的困惑

学生不适应新的教学平台的应用，许多学生未能掌握新的学习方法，不知道怎么使用 web2.0 的相关教学工具，由于缺少自主学习和与人沟通的能力，无法把线上学习和线下学习进行有机组合，达不到预期的学习效果。网络环境虽然对学生自学非常有帮助，但是网络学习材料并没有进行科学合理的分类，大多数学生主要还是依靠教师进行课程的指导和分派任务，还不是真正意义的自主学习。

（三）硬件设施和网络资源建设的薄弱

部分高校的硬件设施不完善，环境嘈杂，监督机制不完善，校园网覆盖率尤其是无线网络覆盖率和带宽不足，使得学习效果大打折扣。另外，多媒体的使用频率过高，使得多媒体变成了 web2.0 教学的主角，自主学习知识反而成了配角；多媒体课堂教学也逐渐形成一种固定的 web2.0 教学模式，学生产生厌烦情绪。部分高校虽然积极开展网络资源建设和软

件开发，但网络资源获取比较困难，且受多媒体课件制作工艺水平的制约，网络课件普遍质量不高。

四、Web2.0 时代教学改革的对策

（一）更新观念、加强培训，提高信息应用的整体能力

面对信息技术的飞速发展，学生的需要呈现出多样化和个性化趋势，这就要求作为传道授业的广大教师必须更新教育理念，优化教学内容、课程体系、教学方法和手段，熟悉并掌握各类信息交流工具，充分利用 Web2.0 平台与学生进行交流沟通。高校可以采取岗位技能培训、专题讲座的形式，对教师的信息软件应用能力进行培训，提升教师的教学水平；同时，也应加强对学生的信息素质教育，提升学生应用信息工具的能力，从而促进教学质量整体提高。

（二）搭建移动学习平台，构建评价和控制体系

积极采用基于云计算的数字移动学习平台，实现全天候的自由个性化学习与沟通。平台的设计可以根据学校和学生的实际情况进行选择，如利用博客、微博、BBS 等手段，让学生畅谈学习的苦和乐，交流学习资源，针对 web2.0 制订人才培养方案、教学实施细则、学习评价体系和教学质量控制系统，注重与传统的教学评价控制体系的融合，保证 Web2.0 教学与传统教学取长补短，互为补充，形成一个相辅相成的有机系统。

（三）加大投资力度推进校园数字化建设

Web2.0 教学改革离不开数字化校园建设工作，各级教育主管部门和电信通信企业应加强对校园信息工程建设的支持。可以采取以点带面、

分步实施的方法，从重点教学区域开始实现数字化网络覆盖，再推进到生活服务区，最终实现校园网络的全覆盖；做好资源整合，利用已有的相关移动通信设备，在移动互联网和智能手机快速发展趋于普及的背景下，可以随时随地登录网络，通过账户的形式实现从公共网络访问校园网络；根据使用者的主观操作和各级别用户的需求，如教师账户、学生账户、行政管理人员账户，对校园的资源和权限进行分类管理。

第六节　基于高校教学改革的教育教学协同创新

现阶段，高校教学改革仍然是教育领域不可忽略的重要研究课题。在以创新为核心的教育改革发展进程中，高校应积极探索教学发展的新形式，进而在教育教学协同创新视野下，重新定位教学管理目标，促进教育创新与教学改革创新的协调发展。高校教学创新改革发展的有效生成体现在知识观、教学策略的转变以及教育制度和教学体系创新的全过程，不仅要在教育思想、教育理念和教育方法上相互贯通，还应该渗透在课堂教学的各个方面、各个环节之中。

21 世纪，随着云计算、大数据、物联网和人工智能等新一代信息技术的飞速发展和深入应用，人类已经步入信息社会和智能社会。知识经济和信息技术不仅在改变着现在的教育，同时也在塑造着未来的教育。新的时代背景不仅对教育改革发展提出了新的要求，同时也对人才培养提出了更高的目标。中共中央、国务院 2015 年印发的《关于深化体制机制改革加快实施创新驱动发展战略的若干意见》明确指出“创新驱动实质上是人才驱动，要开展启发式、探究式、研究式教学方法改革试点，尊重个性发展，强化兴趣爱好和创造性思维培养”。高校是人才培养基地，所以，必须紧跟时代发展潮流与趋势，将教育教学协同创新真正作为高等教育改革的突破口和重中之重。

一、基于教育教学协同创新背景的高校教学改革发展

教育发展正面临着新机遇与新挑战。从根本上讲，高校教学改革建设就是在技术时代发展的道路上谋求“学校教育教学协同创新发展”的过程，教育教学协同创新作为一种新的教育理念，并不是独立于德、智、体、美之外的一种实体性存在，而是渗透在学校教学的方方面面，为学校的创新发展提供契机与动力。

（一）教育创新是时代发展的内在要求

教育是服务社会需要的基本制度，教育体系的演进本身具有系统性、一致性和可伸缩性的特点，它不仅应该是全面的、可持续的，并且是与时俱进、不断发展的。知识经济的时代呼唤创新的教育。“创新”一词来源于英文“innovation”，一般解释为科技上的发明、创造，后来意义发生推广，用于指代在人的主观作用推动下产生所有以前没有的设想、技术、教育、文化、商业或者社会方面的关系。奥地利经济学家约瑟夫·熊彼特首次提出创新理论，他认为“所谓创新，就是创建一种新的函数，也就是把一种从来没有过的关于生产要素和生产条件的组合引入生产系统”。[①]虽然熊彼特的创新理论侧重于经济发展视角，但“创新”一词的提出无疑为今后学者们的进一步研究奠定了基础。现代管理学之父彼得·德鲁克认为创新是对既有资源和财富的重新分配，他在《创新与企业家精神》

① 约瑟夫·熊彼特. 经济发展理论[M].郭武军，吕阳，译. 北京：华夏出版社, 2015.

一书中提道："创新是一个过程，是一项有组织、有系统且富有理性的工作。作为企业家展现其创业精神的工具，创新本身就能创造资源，因为它能赋予资源一种全新的能力并使之成为物质财富的一种创造性活动。"①高级院士吉恩·迈兰认为，创新有三种类型：一是突破性创新，其特征是打破陈规、改变传统和大步跃进。二是渐进式创新，指采取下一逻辑步骤，让事物越来越美好。三是再运用式创新，即采用横向思维，以全新的方式应用原有事物。作为人类进步的首要力量，作为社会经济发展的一种全新模式，创新在某种程度上被赋予了一种战略意义，它不仅构成了一个国家经济发展战略的支点，同时也蕴含了对创新类型、制度、组织、活动等要素的系统规划。正因为创新是建立在人们高度自觉的精神基础上的，创新在国家社会经济发展中的作用才不断加强。

创新时代赋予教育教学协同创新的使命。教育教学协同创新在创新型国家建设和高校发展中起到了不可替代的作用。当前，经济与社会高速发展所积累的民生与社会问题凸显，人民日益增长的美好生活的需要同不平衡不充分发展之间的矛盾成为国内社会的主要矛盾。在教育上主要表现为优质教育资源紧缺，城乡、区域教育发展不均衡，升学压力与日俱增等问题。面对教育资源尤其是优质教育资源的供需矛盾，高校教育教学改革必须跨越制约高校发展的"瓶颈"，积极转变教学思维，革除旧的教学发展模式，寻找高校创新发展的新途径，以满足社会对优质创新型人才的要求。高校教育教学改革是在开放与控制、解放与适应中生成和发展的，它所强调的包括教育体制与教育管理模式的创新、教学方法与教学内容的变革以及教育功能与教育目标的重新定位，不仅具有全局

① 彼得·德鲁克. 创新与企业家精神[M].蔡文燕，译. 北京：机械工业出版社, 2007.01.

性、结构性、发展性的特点，还是新时代背景下高等教育教学发展的价值与追求，本节所说的高校教育教学协同创新，主要是指在创新概念提出的背景下，教育体制与高校教学内部各要素之间基于一定的价值观，在相互影响和相互作用过程中所产生的方法、制度以及实践层面上的变革。

（二）实现教育教学协同创新与高校教学改革的协调发展

21 世纪是一个创新的社会，经济社会的创新发展对教育提出了新的要求，教育从经济发展的边缘位置开始走向中心，教育教学协同创新由此构成了创新结构范畴中最核心的内容之一。自古以来，高等教育就负有培养高素质人才、提升全民族综合创新能力的使命。在当前这样一个紧迫的发展背景下，高等教育改革必须实现教学体制创新，及时剔除不合时宜的、呆板僵化的教育制度，摒弃“以课堂知识为本”的传统教学思想，破除重知识轻实践、重分数轻素质的传统教学弊端。如果继续紧守传统的教育模式，就会束缚创新的手脚，教育教学协同创新就难有生存的土壤。从这个意义上来讲，教育教学协同创新以其特有的号召力与影响力推动着高校教学改革的发展，促进高校教学体制不断适应教育教学协同创新的需求。

高校教学改革水平的高低影响着教育教学协同创新的成效。当今，高校教学改革已发展成为一种结构性变革，这种变革不是在既定系统结构内进行的维持性革新，而是一种“破坏性革新”。这种“破坏性革新”“不仅需要信念、价值观和承诺的变革，同时也需要规则、角色和关系的变革，更重要的是，这种革新需要关键性组织功能的执行方式的变革”。高校教学改革是一项复杂的工程，需要各方面的协同配合，要在创新中快速找到教学改革的切入点，必须立足未来，根据社会对人才素质的要求以及发展新趋势，精确选准制高点。在教学方面，要落实好“学校本位”课程的开发，在探索、调整、改进、优化的过程中形成相对优势，为有特殊才能的学生创造良好的条件，形成具有自身特点的教学体制，而不是机械地强调“人无我有”。作为教学最重要的主体之一的高校教师的创新素养是教育创新的关键。在基础层面，要求高校教师爱岗敬业、乐于奉献；在知识经济时代塑造创新人格的具体化层面，具体包括教学方法创新的自觉性、开发和利用教育资源的创造性、科学揭示创新人才成长的规律等。

总而言之，教学改革水平成效高，教育教学协同创新的效果就好；如若教学改革混乱，势必会影响教育教学协同创新的效果，可以看出，高校教学改革离不开教育教学协同创新这片沃土，因此高校有必要在充分厘清两者关系的基础上实现教学改革与教育教学创新的协调发展。

二、高校教学改革的紧迫性

科学技术与时代的变迁给教育尤其是高校教育带来了巨大的冲击与挑战，人类社会的生产生活方式，乃至思维、行为和学习方式都受到了不同程度的影响。互联网通过其强大的云计算和数据处理功能，能够及时有效地对信息知识进行新的加工、组合和整理，加快了教学内容更新的速度，扩大了知识的含量，为学生提供了一个资源丰富、方便快速的学习环境。网络所带来的大量的知识和最新的信息，使得高校开始对传统课堂进行重新考量，越来越多的教师也逐渐倾向于网络信息化教学。应信息化社会发展的需求，更新教育理念、变革教育模式、重构教育体制、培养创新创业人才，已成为高校教学改革的必然要求和现实选择。

21世纪是知识、经济、科技相互交织的时代，同时也更加追求人才的高质量与高效益。党的十九大对人才培养提出了新要求，指出：“建设教育强国是中华民族伟大复兴的基础工程，必须把教育事业放在优先位置，深化教育改革，加快教育现代化，办好人民满意的教育。”教育部部长陈宝生强调，从十九大开始，教育的主题变了，教育改革开始进入“全面施工，内部装修”的阶段。教育现代化的本质是人的现代化，核心是教育思想和教育理念的现代化。中共中央办公厅和国务院办公厅联合印发了《关于深化教育体制机制改革的意见》(2017年)，提出要营造健康的教育生态，大力宣传普及适合的教育才是最好的教育、全面发展、人人皆可成才、终身学习等科学教育理念，系统推进育人方式、办学模式、管理体制、保障机制改革，使各级各类教育更加符合教育规律、人才成长规律，更能促进人的全面发展。在这种形势下，必须进一步重视对高校教学改革的研究，以提高高校的整体教学水平，为社会培养具有可持续创新能力的人才。

三、高校教学改革发展的视角

(一)高校教育教学的创新价值

有学者提出，“教学活动作为学生认知发展的实现机制，在学生个体的发展过程中发挥着三种基本功能，即认识的起源和发生、认识的建构与形成以及认识的改进与转换”。现代的教学不仅仅是师生互动的双边活动，还代表着一种建构性与生成性的文化，并要以一定的主体形态进入教学过程，承担起培养学生的创造与建构意识、能力及文化主体身份的使命。任何一种教学思想与教学模式，都是经济社会发展到特定阶段时内在要求的产物。实施教育与教学创新的协调发展，是当代高校改革与发展的一个重要课题。

高校教学的核心价值取向理应从培养创新精神入手，以提升创新能力为核心，促使个体在实践教学活动中自我展示、自我实现、自我创造的不断生成。人的创新精神和能力大致分为两部分：一部分是与生俱来的先天禀赋，可以称为人的“初始创新资源”。另一部分是后天习得的，可称为“积累性创造资源”，是形成人的创新能力的主体。值得注意的是，这种原生的、天然状态的创新资源是不稳定的，如果后期得不到合理的开发与训练，极容易流失，从而造成一种无形的人才资源的浪费；而后天习得的这部分创新资源尽管是社会和实践的产物，也必须进行深度开发，只有经过科学的提炼与升华，才能真正转化为创新素质，面对经济社会对创新型人才的呼唤，高校教学改革必须统筹兼顾，在课程体系、教育教学的实践活动设计中，着重培养和开发学生的创新精神与自我创造能力，为社会主义建设提供高质的劳动力和智力支持，满足教育创新时代的需求。

（二）高校教学改革发展的目标

教学目标是连接教育现实与教育理想的主要联结点。一方面，高校教学改革要立足实践，抓重点、攻难点。另一方面，高校在开展课堂教学活动时，只有环环紧扣教学目标，才能真正实现学生从浅层学习向深层学习的转换。

1. 以人为本，实现人本化教学

“人本”是指在自然、社会与人的关系上，人是主体，是目的和标准。“以人为本”的教育理念主张在教育教学中要把人放在第一位，强调以人的发展特别是作为教育对象的具体的个人的发展为根本。“以人为本”观念最初出现在文艺复兴运动时期，但真正从哲学上把对抽象“人”的关注转移到对个体生命价值的“人”的关注则经历了漫长的过程。随着马

克思主义的产生与发展，“以人为本”的理念逐步得到真正的科学说明，并广泛地渗透到政治、经济、教育等领域。

传统的教育形式习惯把文本知识与学习成果凌驾于人的本性之上，把学生机械地看作被塑造、被加工的对象。事实证明这种主客体关系的错位，在很大程度上影响了教学的效果，使教学远离人性而成为程序化、模式化的工具，因此导致我国教育体制偏离轨道，教育功能异化，忽视了以人为本的基本价值取向。杜威指出：“教育并不是一件被告诉和被告知的事情，而是一个主动性和建设性的过程，在理论上，这个原理几乎没人承认，而在实践中却又没人敢违反。”① 因而，教学要遵循学生的主体性原则，尊重学生受教育的权利，帮助学生真正理解和掌握知识技能。高校是培养人才的重要基地，在高校的教学管理中，教学目标的实现既要靠学生自主学习，同时也要靠教师辅助实施，其中包括优化课堂教与学的行为分析，探讨学生的学习能力、创新能力以及合作与交往能力，这就要求教师采用全新的人才培养模式，注重尊重和调动学生积极性，提高教育教学的效益。

2. 把握教学规律，尊重学生个体差异

正如马克思所说：“人们在实践中，通过大量的外部现象，可以认识或发现客观规律，并用这种认识指导实践，要想在活动中获得预期的目的，就要从实际出发，坚持实事求是，认识和尊重客观规律，按照客观规律办事。”② 学生作为受教育者，由于其个体智能发展的多元性，决定了学生之间存在不同的个性特征，具备不同的知识建构能力。《国家中长期教育

① 约翰·杜威.民主主义与教育[M]. 王承绪，译. 北京：人民教育出版社，2001.

② 伍章余. 马克思主义基本原理概论[M]. 北京：经济日报出版社，2019.

改革和发展规划纲要（2010—2020年）》明确指出："坚持以人为本、推进素质教育是教育改革发展的战略主题，是贯彻党的教育方针的时代要求，核心是解决好培养什么人、怎样培养人的重大问题，重点是面向全体学生、促进学生全面发展，着力提高学生服务国家人民的社会责任感、勇于探索的创新精神和善于解决问题的实践能力。"高校培养的人才应该是多规格的，对于不同特点的学生要采用不同的衡量标准。教师要及时转变角色和态度，最大限度地利用学生的个性特点和潜能实施分层教学，不以个人期望改变学生，因势利导，用发展的眼光对待学生。

3. 培养高阶能力，鼓励自我创新和自我发展

现阶段，以科学知识为代表的经济社会的发展对人才素质提出了更高的要求，强调在不忽视基本素养（读、写、算）的前提下，强调人才尤其是创新型人才的学习、问题求解、决策、批判性思维、信息素养、团队协作、兼容能力、获取隐性知识、自我管理和可持续发展能力，在教学目标分类中主要表现为较高认知层次上的心智活动及认知能力，如分析、综合、评价、创造、演绎、推理等。这些能力相互关联、相互作用，共同为促进人才的可持续发展提供导向。未来的信息社会充斥着各类复杂的需要和矛盾，能力的培养和思维的多元性就显得十分必要。哈佛大学著名的心理学教授戴维·珀金斯认为："日常思维就如我们普通的行走能力，是每个人与生俱来的，但是良好的思维能力就像百米赛跑一样，是一种技术与技巧上的训练结果。"[①] 因此，高校在教育教学过程中，要运用恰当的工具，采取相应的教学支持，实行一系列有针对性的强化练习，

---

① 戴维·珀金斯.为未知而教为未来而学[M].杨彦捷，译.杭州：浙江科学技术出版社，2023.

着重培养学生的高阶思维能力，踏实有力地帮助学生实现人生价值。

（三）大学生学习的内在机制

苏联心理学家列昂节夫等人认为，人的心理、意识等一切活动的结构都是环状的，在与环境对象的实际接触中，借助内导作用和返回机制，调整并充实初始导入的映像。学习作为一种特殊的社会性活动，也近似一种环状结构，由定向、执行、反馈三个环节共同组成。探讨大学生学习的内在机制，能够更加深入准确地把握高等教育阶段学习的实质，进而采取有效措施促进高校大学生学习。借鉴已有研究成果，笔者认为应聚焦到以下几方面。

第一是大学生学习的特征。大学生作为社会成员之一，其学习活动具备人类学习的一般特点，但在整个教育系统中，大学生处于一种特殊地位，使得大学生的学习活动不同于一般人类的学习。研究当代大学生学习的内在特点是实践研究的热点问题，初步得出的结论是：必须基于现代学习观，综合大学生自身学习的特征，通过接受性、建构性的学习模式促进个体的内在发展。

第二是大学生对活动的认识方式。教学活动就其本质而言是一种特殊的认识性活动，学生认识活动的方式基本是在教师的指导下进行的掌握学习，无论是探究型活动还是创造性活动，均强调学习的自我感标准，从而建立对外部世界的符号化的认知与理解，更好地引导学生深层、深度、深刻学习。

第三是学习动机与学习积极性。学习动机可通过外在的学习行为反映出来，而学习积极性则是学习动机最直接的外在表现，不同水平的学习积极性直接影响着学习的实际效果。教师要经常通过观察，有意识地识别学生可能存在的动机问题，结合个体在注意状态、情绪状态和意志状态这三方面的情况，如学生是否注意教师，能否迅速开始某项活动，能否主动地选择具有挑战性的学习活动等，判断学生是否存在动机问题。

四、高校教学创新改革发展的有效生成

教学改革是一项受新教育思想发展影响的动态观念，具备综合性、全面性和技术性的特点，直接服从于人才素质培养模式。高等学校教学管理在实现创新发展的道路上形成了诸多理论与实践经验，不同形式的观点的呈现不仅为深化研究提供了充足的思考空间，同时还推动高校教学改革不断迈上新的台阶。

（一）转变知识观，提高课堂教育涵养是高校教学创新发展的根本条件

要提升课堂教育涵养，必须革除静态的固象化的知识观，建立以知识价值为主的教育学立场，克服对象化教学的局限性。严格意义上的高校课堂教学要同时实现教学运作方式、课堂授课手段的更新，更要从思想认识观念及教师教学素质上实现创新。高校管理者要深刻思考在教育创新条件下，高校的教育教学需要遵循什么原则，树立哪种观念，实现何种目标，现行的教学方式是否符合创新发展的要求，等等。

传统的教学思想侧重的是学生对于书本知识的掌握，认为教学是传授人类科学文化知识的“特殊的认识过程”，是以知识为中心建立起来的一种传与授的活动。一直以来，传统的课堂把知识作为唯一的对象和结果来传授，教师一味地教，学生一味地背，不去追求学生在习得后发生了怎样的变化与发展，这显然是一种静态僵化的知识观。高校教学改革创

新不是为所有的学生统一确立一个必须实现的终极性目标，而是不断地培植、挖掘学生发展的可能性与潜力。真正具备教育涵养的课堂不仅仅是浅层的方法与技术性的改革，而是以创新为使命，达到观念乃至系统内部的根本性变革，知识只是实现个体发展的工具和形成创新能力的基础。学生学习和掌握知识并不仅仅是为了知识本身，而是在掌握客观知识的基础上基于个人生命和生活体验，学会自主建构，并把所学的知识转化为能力，成为处世的价值观和方法论。

（二）转变教学策略，强调课堂的创新性、发展性品质

课堂教学策略的实施最终落在教与学的行为分析上。在日常学习活动中，教学应重点体现学生的自我监控、自我管理、积极探索、表达交流以及合作探究，因此，高校教师在选择和采用教学策略时应主要体现以下几点：第一，学会理解。理解是与学生交往的基础，为理解而教是教学的出发点。教师要积极创设学习情境，适时开展情景对话、课堂活动，帮助学生理解特定事物的本质及其规律、价值、思想、方法和意义。第二，任务导向。教师应建立清晰、明确的课程学习任务，将完整的课程目标、学习过程和学习方式任务化，引导学生主动探索任务活动的价值与意义。第三，启发式教学。启发，是启发学生独立思考，让学生能够自己思考问题的答案以及解决问题的方法，这种教学方法强调教师是主导，教学过程虽然由教师组织，但学生依然是学习的主体。大学课堂尤其重视学生的逻辑思维和灵活应变能力，启发式教学承认学生是有灵性、有理性、有感性的能动主体，其主动性特征有助于学生行为协调和智力发展。

（三）推进高校教育制度和教学体系创新

现代社会经济结构的调整要求高等教育转向以提高质量为中心的内涵式发展，实行更加灵活的教育教学制度，从而提供适合学生个性发展和自主创新的空间。让学生参与管理是高校教育制度改革不可忽视的一面。高校教育制度是为了满足全体教师和学生的需要，为全体成员谋福祉。推动高校教育教学制度创新，让学生积极参与制度建构的过程，并没有否定高校管理制度的权威性，相反，学生的参与体现了一种尊重、一种责任感，给学生更多的自主管理权，能更有效地唤起学生的主体责任感，培养公民意识，促进学生自由而全面发展。但是，仅有参与是不够的，更重要的是提升学生参与制度建设的品质。高校要建设开放化、多样化的教育制度和教学管理体系，一方面要更新观念，转变学生对制度建设“事不关己”“流于形式”的态度，为学生提供更多自觉选择和自由表达的空间，使教育教学制度的设计更具科学性和有效性。另一方面要提升学生基本的协商民主精神，强化公民意识，保证学生参与的高品质与高质量，从而营造有利于人才培养的和谐的制度环境。

要有效地实现教育创新目标，建立适应知识经济时代要求的人才创新模式，必须正确处理好高校教学改革和创新的关系，正确诠释高校教育教学发展的目标与内涵，这无论对教育教学协同创新理论的推进还是高校教学体制的进一步深化，都具有十分重要的意义。

参考文献

[1] 刘宇，虞鑫，许弘智，等．“双创”背景下创新教育的实践、效果与机制研究 [J]. 现代教育技术，2015，25(11)：106-112.

[2] 陈从军，姚健．双创背景下高校辅导员工作的思考与探索 [J]. 科技创业月刊，2016，29(13)：64-65.

[3] 刘国余．会计双语课程柔性教学模式探析 [J]. 商业会计，2016(24)：119-121.

[4] 杨思林，王大伟，唐丽琼，等．“双创”背景下高校课程考试改革的思考 [J]. 教育教学论坛，2016(46)：77-78.

[5] 许彩霞．创新创业背景下应用型高校人力资源管理专业实践教学体系改革研究 [J]. 鸡西大学学报，2016，16(4)：23-26.

[6] 马一铭．大学生自主创业的困境与对策分析 [D]. 西安：西安理工大学，2015.

[7] 黄杰．“许昌模式”背景下大学生创新创业教育模式探索 [J]. 决策探索，2016(18)：38-39.

[8] 孙海英．“双创”背景下文科大学生创业现状、机遇及对策分析 [J]. 成都航空职业技术学院学报，2016，32(4)：15-18，22.

[9] 张格，高尚荣．以高职生学习动力机制为导向的高职教育教学改革 [J]. 江苏科技信息，2016(34)：37-39.

[10] 吴颖珊．高校教育教学改革的动力机制探讨 [J]. 重庆科技学院学报（社会科学版），2012(01)：165-167.

[11] 曹月盈 . 高校计算机基础教育创新教学模式探究——评《高校计算机教育教学创新研究》[J]. 教育评论，2017(5)：166.

[12] 荆媛，唐文鹏 . 新时代下高校思想政治教育教学方法创新研究——以主旋律歌曲为视角 [J]. 中北大学学报（社会科学版），2017，33(1)：65-68.

[13] 周湘林 . 以学生学习为核心的高校教师教学评价方法创新研究 [J]. 现代大学教育，2017(1)：93-97.

[14] 华宝元 . 教育管理学四大范畴视角下高校体育教学管理创新研究 [J]. 广州体育学院学报，2017，37(1)：107-109.

[15] 李小兵 . 互联网媒体视角下高校体育教学创新研究 [J]. 赤子（下旬），2017(1).

[16] 吴小川 . 高校音乐教育教学模式的创新研究 [J]. 魅力中国，2017(1).

[17] 王天恒 . 从毕业生质量追踪探究高等学校本科教学改革 [D]. 成都：西南交通大学，2007.

[18] 王淼 . 我国高校教育改革模式研究 [J]. 教育现代化，2016，3(27)：284-285.

[19] 苗峰 . 高校课堂教学管理现状及对策研究 [J]. 兰州教育学院学报，2015.

[20] 李友良，何勇 . 高校教学管理信息化的现状及对策 [J]. 教育与职业，2015，31(08)：96-97.

[21] 柳亮 . 高校教学管理人员继续教育现状及对策 [J]. 继续教育研究，2014(02)：11-12.

[22] 王廷璇 . 浅析高校教学管理现状及改革对策 [J]. 新西部（旬刊），2011(05)：146，172.